프롬,
사랑의 고수가 되다

탐 철학 소설 15

프롬, 사랑의 고수가 되다

초판 1쇄	2014년 11월 25일
초판 2쇄	2020년 1월 2일
지은이	이하준
책임 편집	신정선
마케팅	강백산, 강지영
표지디자인	땡스북스 스튜디오
표지 일러스트	박근용
본문 디자인	유민경
펴낸이	이재일
펴낸곳	토토북

주소 04034 서울시 마포구 양화로11길 18, 3층(서교동, 원오빌딩)
전화 02-332-6255 | 팩스 02-332-6286
홈페이지 www.totobook.com | 전자우편 totobooks@hanmail.net
출판등록 2002년 5월 30일 제10-2394호
ISBN 978-89-6496-221-3 44100
ISBN 978-89-6496-136-0 44100 (세트)

• 탐은 토토북의 청소년 출판 전문 브랜드입니다.
• 이 책의 사용 연령은 14세 이상입니다.

프롬,
사랑의 고수가 되다

이하준
지음

탐
철학
소설

틈

차례

Love is real, real is love,

Love is feeling, feeling love,

Love is wanting to be loved……

이 가사는 누구나 한 번쯤 들어 봤을 존 레논의 노래 'Love'이다. 인간의 삶이 시작된 어느 시점부터 사랑은 우리의 주된 관심사였다. 또한 사랑은 삶의 이유이자 희망이 되어 왔다. 우리는 사랑을 이야기하는 수많은 노래와 예술을 보아 왔고, 진실한 사랑을 찾기 위한 물음은 우리 일상에서 여전히 진행 중이다. 나를 포함한 모든 사람들이 사랑 때문에 얼마나 아파하고 슬퍼하며 기뻐하고 즐거워하는가?

그렇다면 사랑, 그것은 도대체 무엇인가? 어떤 이들은 근대적 의미의 낭만적 사랑이 보편화된 이래로 오늘날의 사랑은 유사 종교의 지위에까지 이르렀다고 말한다. 이것은 무슨 말인가? 급속하게 개인화가 이루어지면서 사람은 더욱더 고립되고 원자화되며, 불안과 고독, 무력감에 빠지게 되었다. 동시에 신념 체계를 지탱하던 종교나 전통으로부터 해방되면서 사랑은 개인에게 삶의 의미를 부여하는 중심적인 역할을 맡게 되었다. 수많은 사람은 고독과 외로움, 삶의 불투명성과 불안정성 그리고 심리적 불안을 해소시키는 수단으로 사랑에 적극적인 의미를 부여하고 있다. 이것은 사랑에 대한 일종의 '사회학적 단상'이다.

그러나 다른 한편으로는 '사랑의 경제학'이 판을 친다. 사랑은 포장되고 상품화되며, 교환의 형식을 갖게 되었다. 상품을 고르듯이 사랑을 고르고, 사랑의 상품성을 높이는 방법을 습득하려 애를 쓰며, 연애의 경제학과 혼테크의 기술이 상업화되고 있다. 사람들 역시 그 메커니즘에 저항 없이 순응하며 '잘된 만남'을 서로 축복한다. 자본과 양립될 수 없는 것으로서의 사랑, 돈으로 환원될 수 없는 것으로서의 사랑을 말하는 사람들은 순진하고 세상을 잘 모르는 것으로 치부되는 현실이 우리 앞에 있다. 이것이 자본주의 사회에서 이루어지는 사랑의 방정식이라고 인정하지 않을 수 없다.

이 책에서 다루는 주제는 에리히 프롬의 사회사상에 바탕을 둔 그의 사랑관이다. 에리히 프롬은 기존 철학자들이 보여 주었던 관념화된 사랑의 형이상학을 주장하지 않는다. 그렇다고 그의 사상의 한 축을 차지하는 프로이트 식의 성애를 말하지도 않는다. 에리히 프롬은 인간이 사랑을 할 수밖에 없는 근원적, 실존적 상황을 검토한다. 그리고 우리가 사랑한다고 할 때 그 사랑에 대한 수많은 '오해'에 대해 함께 생각해 보기를 청한다. 그의 질문은 이런 것이다. 왜 사람은 사랑하는가? 진실된 사랑은 어떤 것인가? 서로를 성장시키고 실현하는 사랑을 어떻게 키워 나갈 수 있는가?

이 소설은 에리히 프롬이 지은 《사랑의 기술》을 중심으로 하여 '인간의 고독과 자유의 문제', '첫눈에 반하는 사랑', '한쪽의 희생을 요구하는 사랑', '사랑이라는 이름으로 다가오는 개입과 억압', '병적인 사랑의 심리', '애정 관계에서 남성 중심의 문제', '사랑을 매개로

한 신분 상승', '사랑하는 관계에서의 상호 존중과 자본주의 사회에서 사랑하기의 어려움' 그리고 '진정한 사랑의 모습'에 담겨진 프롬의 생각을 현우와 유진의 사랑을 통해서 들려주려 한다.

이 책이 사랑하고 있고, 사랑 때문에 고민하고, 사랑의 문제를 평생 안고 살아가야 하는 청소년 독자 여러분에게 사랑에 대한 사회학적 상상력과 인문학적 성찰을 자극하는 계기가 되었으면 한다.

2014년 가을

이하준

뜨거운 바닷바람이 쏴 하니 머리를 한 바퀴 돌고 얼굴을 스치며 지나갔다. 그제야 초점 없이 먼 바다의 풍경을 바라보던 현우의 시선이 서서히 움직이기 시작했다. 곧 현우의 눈에 서슬 퍼런 바다가 펼쳐졌다.

겨울 바다의 매서운 바람, 그것이 현우로 하여금 옛 추억을 떠올리게 했다. 지금 현우의 마음은 유진을 사랑할 때 읽었던《젊은 베르테르의 슬픔》의 주인공 베르테르와 다를 바 없다.

내게는 이토록 많은 것이 있다. 하지만 그 사람을 생각하는 마음은 모든 것을 삼켜 버린다. 나는 이토록 많은 것을 가지고 있다. 하지만 그 사람이 없으면, 모든 것이 무(無)이다.[1]

현우는 로테를 사랑했던 베르테르가 아니었고 유진 역시 로테가 아니었지만, 유진과 함께 있었을 때나 유진이 떠나간 후에도 현우의 마음은 베르테르와 같았다. 비록 현우는 베르테르처럼 노란 옷을 입지도, 베르테르 효과를 스스로 증명하지도 않았지만, 지금도 여전히 그녀와 함께 있는 것 같았다.

현우는 천천히 어쿠스틱 기타를 연주하기 시작했다. 그의 기타 소리에는 고등학교 2학년부터 지금의 대학 2학년까지, 아팠던 시간이 온전히 녹아 있다. 노래하고 싶었지만 눈물이 목을 막아섰다. 현우는 떨리는 손을 진정시키려는 듯 더 힘껏 기타 코드를 잡았다.

"유진아, 잘 있었어?"

"……."

저 멀리 어딘가에서 밀려오는 하얀 파도 소리와 매서운 바람을 애써 뚫고 하늘을 나는 갈매기의 울음소리가 현우의 귓가에 울렸다. 현우는 흐르는 눈물을 닦았다. 그리고 애써 미소 지으며 입을 열었다.

"유진아, 네가 언젠가 말했지. 사랑은 지배하는 것이 아니라 자유를 주는 것이라고……. 그래, 유진아, 나 이제 너를 놓아줄게. 그리고 정말 열심히 살아 볼게."

현우의 시선이 바다와 육지의 경계가 사라진 어두운 허공으로 향하는 순간, 멀리서 폭죽 소리가 들려왔다. 연이어 터지는 요란한 폭죽 소리가 아득하게 느껴졌다. 어느새 현우는 유진과 처음 만났던 그 시간에 와 있었다.

[1] 1774년 괴테가 발표한 《젊은 베르테르의 슬픔》 중 일부이다. 실연에 빠진 젊은이들이 이 소설을 읽고 베르테르처럼 모방 자살하는 현상을 가리켜 '베르테르 효과'라고 한다.

1

우연한 만남

1.

고등학교 2학년 봄 어느 토요일, 현우는 부모님과 함께 미술관에 다녀오는 길이었다. 대학에서 미술을 전공한 엄마 덕분에 현우는 종종 미술관에서 주말을 보냈다. 처음에는 따분했는데, 곧 익숙해져서 혼자 찾아가기도 했다.

"저, 죄송한데요. 저희가 이사를 와서 그런데 주차를 다른 곳에 해 주실 수 있어요?"

"아, 이사 왔어요?"

"네."

까무잡잡한 얼굴에 머리를 가지런히 넘긴 여자아이가 조심스러운 말투로 현우 아빠에게 말을 걸었다.

"앞집에 이사 왔나 보다. 네 또래 같은데? 앞으로 친하게 지내면 되겠다."

"뭐 만날 일이 있겠어요? 그리고 난 여자한테 관심 없어요."

"그러니까 네가 모태 솔로지. 아빠는 네 나이 때 안 그랬다니까."

"아빠는 참, 다른 부모님은 공부 방해된다고 그런 데 신경 쓰지 말라고 하는데. 전 능력이 없는 게 아니라 관심이 없는 거라니까요."

"우리 아들은 공부는 알아서 잘하니까, 그 정도면 됐어. 공부 말고도 인생에서 중요한 것들이 많아요. 봐! 아빤 공부 못했어도 성공했잖아."

아빠가 한쪽 눈을 찡긋하며 엄마를 가리켰다.

"됐어요, 아빠. 아빠 성공 스토리는 그만 들을래요. 한 번 더 들으면 백한 번째거든요."

현우의 볼멘소리와 아빠의 웃음소리가 이어졌다.

그랬다.

이것이 현우와 유진의 첫 만남이었다. 현우에게 유진은 그저 앞집 여자아이 그 이상도 이하도 아니었다.

"자, 자 자. 그만 조용히들 해."

담임이 들어왔다. 그의 이름은 윤재이. 철학을 전공한 윤리 교사로 다른 선생님들과는 사뭇 달랐다. 자신의 비판적인 정치 성향을 아무렇지 않게 얘기하고, 우리가 사는 미래 사회는 꽤 괜찮아질 거라고 열변을 토하기도 하는, 한마디로 '이상주의자'였다. 그래서 우리는 가끔 그를 '이상한 나라의 재이'라고 놀리며 킥킥거리곤 했다. 담임은 그 사실을 전혀 눈치채지 못했겠지만.

"오늘은 수업 시작하기 전에 먼저 새로 전학 온 학생을 소개할 게. 유진아, 이쪽으로 오렴."

담임이 한 학생에게 교실로 들어오라는 손짓을 했다.

'어?'

담임과 같이 들어온 아이를 보고 현우는 흠칫 놀랐다. 어제 앞집에 이사 온 그 여자아이가 머리를 다소곳이 넘긴 채 서 있었기 때문이다.

"저는 서유진이라고 합니다. 예화예고를 다니다가 전학 왔습니다. 잘 부탁드려요."

"와, 예쁘다!"

아이들의 함성과 박수가 여기저기서 터져 나왔다.

"오, 선생님! 명문 예고 다니다 왔으면, 노래 한 곡 불러야 되는 거 아니에요?"

우리 반 몸짱, 얼짱으로 통하는 준석이가 소리쳤다.

"전 노래 못해요. 할 마음도 없고요."

단호한 유진의 태도에 일순간 교실의 분위기가 차가워졌다.

"그래, 첫날이니까 소개는 이 정도로 하고 유진이는 저기 한나 옆에 가서 앉아."

담임 말에 모든 시선이 한나에게로 향했다. 순간 한나의 미간이 움찔했지만, 이내 아무런 관심이 없다는 듯 무표정으로 변했다.

한나는 조용하고 우울해 보이는 아이였다. 공부는 곧잘 하지만 속을 알 수 없었다. 늘 무언가 생각에 잠겨 있거나, 아니면 항상 뭔가를 읽고 있었다. 꾸미는 것에는 관심이 없어 남자아이들 입에 오르내리는 일이 결코 없었다. 마치 스스로를 왕따시키는 것 같았다.

그런데 담임이 방금 전학 온 유진을 바로 그 한나 옆에 앉힌 것이다. 현우는 한나 바로 뒷자리라서 유진이 조심스레 천천히 걸어오는 모습을 자세히 볼 수 있었다. 얼굴은 더 또렷이 눈에 들어왔다.

'유진과 한나⋯⋯.'

문득 이상한 조합이라는 생각이 스쳐 지나갔다.

"자, 그럼 이제 수업을 하도록 할까? 오늘의 주제는 '고독'이다."

"어우~."

뜬금없이 웬 고독이냐며 아이들의 볼멘소리가 이어졌다.

"서유진, 새로운 학교에 전학 와서 무척 낯설지? 어젯밤에 잠도 잘 오지 않았을 텐데, 외롭거나 고독했니?"

"⋯⋯."

"한나, 그래 한나는 고독을 친구 삼을 수 있다고 생각하니?"

"⋯⋯."

"왜 우리는 혼자 있어도 고독하고, 둘이 있어도 고독하고, 셋이 있어도 고독하지? 아니, 수많은 군중 속에서도 고독한 현대인이란 표현이 있지? 왜 그런 걸까?"

담임의 수업 방식은 늘 이랬다. 지루하고 무거운 주제로 끊임없이 질문을 퍼부었다. 그래서 교실이 가끔씩 정적에 잠기곤 했다.

"사람들 모두가 따로 놀기 때문입니다!"

어디선가 불쑥 튀어나온 엉뚱한 대답 하나가 교실을 웃음바다로 만들었다. 그러나 담임은 진지하게 계속 말을 이어 나갔다.

"그건 헤벨의 입장과 비슷하구나. 그는 산다는 것은 깊은 고독 속에 있는 것이라고 했지."

"하지만 선생님, 고독이 꼭 나쁜 것만은 아니잖아요?"

생각에 잠겨 있던 한나가 입을 열었다.

"지금 한나의 생각은, 영감은 고독 속에서만 찾아온다는 괴테의 입장이나, 고독 속에서 살아남는 강한 자가 되어야 한다는 칼릴 지브란의 입장과 유사해. 너희는 이 입장에 동의할 수 있니?"

"그런데 고독하다는 건 쓸쓸하고 외롭고……. 괴롭다는 거잖아요!"

준석의 말에 담임은 흐린 미소를 띠우고는 계속해서 말했다.

"그래, 슈바이처는 우리 현대인은 너무 고독한 채로 죽어 갈 수밖에 없다고 했지."

그러고 나서 담임은 교실 창밖을 한참 뚫어지게 쳐다보더니 다시 툭 내뱉었다.

"얘들아, 그렇다면 우리는 과연 이 지독한 고독을 이겨 낼 수 있을까?"

"자기가 원하는 것을 성취하면 외로움에서 벗어날 수 있지 않을까요? 무언가에 집중하고 있으면 고독을 느낄 새가 없으니까요."

역시 한나였다.

"저는 좋은 친구들이 늘 주위에 있으면 외롭지 않을 것 같은데요?"

인기 많은 준석이가 말을 이었다.

"저는 사랑이요! 사랑을 하면 외로움 따위 다 날아가 버리잖아요. 같이 하고 싶은 것도 아주 많고요. 근데 지금은 여자 친구가 없다는 게 함정~."

민준이 얘기에 교실이 들썩였다.

"다들 일리 있는 대답이야. 특히, 민준이가 말한 사랑은 무척 중요하지. 그건 조금 뒤에 다시 얘기하기로 하고. 우선, 고독을 이기려면 고독이 어디서부터 비롯된 것인지 알아야겠지? 고독은 분리(separation)되어 있다는 인식에서 비롯된 것이 아닐까?"

"분리요? 여자 친구랑 헤어지면서 저는 그 애로부터 분리된 거죠?"

"그렇지. 이렇게 무엇으로부터 분리돼 있다는 것을 의식하는 의식의 주체, 그것이 실존이지. 자신의 존재를 지각할 수 있는 인간은 분리를 인식해. 나와 너, 나와 사물, 나와 사랑하는 누구 등등 말이야. 이 분리에 대한 인식이 '근원적인 고독'의 실체가 아닐까? 자기 자신을 의식하는 주체로 평생을 살아가는 인간은 사물과 타자와 세계가 분리되어 있는 걸 인식하고 있으니까, 고독할 수밖에 없지. 어떻게 생각하니, 솔로 민준?"

"그러고 보니 제가 여자 친구로부터 분리된 걸 인식하는 순간 고독이 찾아왔던 것 같아요."

민준이 제법 심각한 표정으로 고백했다.

"근데 선생님, 분리되어 있다는 걸 알면 좀 불안하지 않나요? 전 어릴 적에 엄마 아빠랑 떨어지면 많이 울었거든요."

준석이 말했다.

"얀마, 그 얘기 아냐."

민준이 받아치자 아이들이 킥킥 웃어 댔다.

"그럼 저희가 말을 제대로 하지도 못했던 어릴 적에 고독이 뭔지 알았고, 그래서 울었단 말인가요? 말이 안 되잖아요."

한나가 콕 집어 물었다.

"음 좋은 질문이야, 한나야. 그건 어린아이가 갖는 분리 불안 증상이야. 보호받을 수 없다는 감각에서 오는 불안과 공포의 표현이 바로 아이의 울음이나 보챔이니까. 그런데 그것과 실존론적 고독이 다르지 않은 것이 있단다. 실존론적 고독이란 고독이 인간 존재의 근본적인 사태라는 말이지."

"인간 존재의 근본적인 사태요?"

한나가 이해가 안 간다는 표정을 지었다.

"인간은 독립적으로 생각하고 행동하는 독자적인 존재라서 고독하다고 했지? 인간 존재의 어떤 분위기, 정서랄까, 그게 바로 고독인 거지. 근데 그 고독은 아까 말한 '관계로부터의 분리'를 전제로 한 것이고, 그러한 분리의 인식에서 오는 불안이 있다는 거야. 이 불안은 우리가 도둑이나 강도 앞에서 떠는 그런 공포와는 다르지."

담임을 좇던 현우의 눈길이 우연히 유진에게로 향했다. 유진은 담임의 수업 방식이 익숙하지 않은지 노트에 무언가를 끼적거리고 있었다. 현우의 눈에 그 애가 끼적인 'Ma Solitude(나의 고독)'라는 단어와 그리다 만 악보가 들어왔다.

"좋아, 인간은 근본적으로 고독하고 그래서 불안하고 그 분리로부터 오는 고독을 극복하기 위해 많은 것을 한단다. 동굴에 살았던 초기 인류부터 종교인들이나 예술가들까지 저마다 분리에서 오는 고독과 불안을 극복하려고 무엇인가를 해.[2] 조금 전에 너희가 고독을 이겨 내기 위한 몇 가지 방법을 얘기하기도 했지? 그중 민준이가 말한 사랑은 바로 사회철학자인 에리히 프롬이 한 얘기와 같아. 너희 수준이 이 정도라니!"

담임이 이렇게 말하자 민준이 자기가 철학자라도 된 양 어깨를 으쓱거렸다.

"사실 오늘 수업 내용은 에리히 프롬이 지은 《사랑의 기술》중 일부를 가지고 진행한 거야. 그는 인간의 가장 큰 욕구가 고독이라는 감옥을 극복하는 것이라고 했어. 너희 말로 번역하면 탈옥이지. 인간 실존의 과제는 분리를 지양하고 일치(union)를 이루는 것이라고 얘기 했지. 이 분리 상태를 어떻게 극복할 수 있을까, 어떻게 합칠 수 있을 까, 어떻게 자신의 개인적인 생명을 초월해서 합일(合一)[3]에 이를 수 있을까 고민했지."

담임의 설명에 의하면 그가 찾은 완전한 해답은 바로 대인간적 인 결합, 다른 사람과의 융합 달성, 곧 사랑에서 찾아볼 수 있다고 했다.

"그런데 선생님, 《사랑의 기술》이라고요? 우리가 흔히 알고 있는 그 기술 말이에요?"

"제목이 좀 웃겨요. 사랑에 왜 기술이 필요해요?"

"사랑의 기술이라면 제가 자신 있죠. 그분보다는 제가 더 빠삭할 걸요."

담임 말이 끝나자마자 아이들이 저마다 한마디씩 했다.

"그는 삶이 기술인 것과 마찬가지로 사랑도 기술(art)이라고 봤 어. 사랑하기 위해서는 지식과 노력이 필요하다는 거지. 예를 들어,

음악이나 그림이나 건축, 또는 의학이나 공학 기술을 배우려고 할 때 거치는 것과 동일한 과정을 거쳐야 한다고 말이야."

사랑은 상대방과 나누는 즐거운 감정이라고만 생각했는데, 사랑을 하기 위해서는 사랑의 이론과 실천을 공부해야 한다니. 아직 모태 솔로인 현우에겐 이 모든 게 새로웠다.

"그럼 다음 수업 시간까지 에리히 프롬이 아닌 너희가 생각하는 사랑에 대해서 고민해 오도록! 나는 왜 고독한지, 과연 사랑이 고독을 극복하는 최선의 방식인지, 그때 사랑은 어떤 의미의 사랑인지 말이야. 그리고 우리는 왜 사랑을 할까? 왜 사랑을 하고 싶어 하는지도 생각해 봐. 이게 어렵다면 조르주 무스타키의 'Ma Solitude'라는 샹송의 가사를 여러 번 읽어 보길 바란다."

"우우우~."

아이들의 불만의 목소리가 낮게 깔렸다.

'아하! 유진이 아까 노트에 끼적인 게 노래 제목이었구나.'

현우는 신기한 듯 유진을 향해 고개를 돌렸다.

마지막으로 담임은 "장담컨대 앞으로 사랑에 대해서 상담을 원하는 학생이 반드시 있을 거다. 물론 사랑 상담이 아니어도 좋다. 언제나 무조건 대환영이니 상담실을 자유롭게 노크하도록!" 하고 말했다.

담임의 수업 스타일은 늘 이렇게 뜬금없다. 오늘 얘기한 에리히 프롬처럼 니체와 비트겐슈타인 등 시험에 나오지도 않을 어려운 철학자를 가르쳐 주기도 했다. 하지만 모두가 분명하게 느끼는 건 그가 기존 선생님들과 남다른 존재라는 점이다. 마치 다른 별에서 온 사람처럼 말이다.

'과연 내가 사랑에 대한 고민으로 담임을 찾아가는 순간이 올까?'

그런 생각을 하는 동시에 현우의 시선이 자신도 모르게 유진에게로 향했다.

2.

유진과 같은 반이 된 이후에도 현우의 일상은 크게 달라지지 않았다. 평일엔 학교와 학원을 반복해서 오갔고, 주말에는 베프인 준석, 민준과 지하실에 만들어 놓은 연습실에서 밴드 연습을 했다. 현우가 유진과 마주치는 건 학교뿐, 집 근처에서도 그 애 모습을 볼 수 없었다.

노란 개나리꽃이 현우네 집 앞에 드리워진 4월의 둘째 주 금요일 저녁. 현우는 친구들과 함께 밴드 연습에 한창 몰두해 있었다. 가수 휘성의 '결혼까지 생각했어'를 록 버전으로 편곡하는 중이었다. 그때 베이스밖에 모르는 민준이 입을 열었다.

"우리도 만날 연습만 하지 말고 오디션에 나가 보는 게 어때? 결과에 상관없이 집중해서 연습하다 보면 호흡도 늘고 실력도 붙지 않을까?"

"오디션에 참가하려면 보컬이 있어야 해. 그런데 우리는 그냥 연주 밴드잖아."

준석이 말했다.

"음, 서유진 말이야. 예고 다녔다니까 노래 좀 하지 않을까? 전학
온 첫날엔 긴장되니까 그렇게 말했을지도 모르고."

현우가 유진을 떠올리며 말했다.

"그렇겠다! 현우야, 너 서유진 연락처 알아?"

"아니, 몰라. 앞집이긴 한데 몇 층인지 모르겠어."

"그럼 그냥 가서 한번 불러 볼까?"

"에이, 갑자기 막무가내로 찾아가자고? 그러지 말고 한나한테 부
탁하는 건 어떨까?"

"오, 그래! 둘이 짝꿍 되더니 엄청 친해졌더라. 우리도 이 기회에
친해지면 되고!"

그날 밤 현우는 한나에게 받은 유진이 연락처에 문자를 남겼다.

'유진아, 나 같은 반 현우야. 한나한테 들어서 대충 알고 있겠지
만, 우리 같이 밴드 해 보지 않을래? 사실 우리 팀에 보컬이 없어. 네
가 노래하는 거 좋아하면 우리 밴드와 같이 맞춰 보는 건 어떨까?
부담은 갖지 말고……. 너 편곡도 잘할 것 같은데, 그치?'

그러나 유진은 아무 대답이 없었다.

현우는 한참을 기다리다 다시 한 번 물어보기로 했다. 그러나 돌
아오는 대답은 말줄임표뿐이었다.

유진이는 결코 '관심 없어.'라고 말하진 않았어. 그럼 아직 결정하지 못했단 뜻인가? 아니면 튕기는 건가? 그것도 아니면 생각할 시간을 달라는 말인가? 현우는 친구들에게 좀 더 기다려 보자고 제안했다. 그러고는 다시 유진에게 문자를 보냈다.

'유진아, 그냥 편하게 우리 연습실에 한번 와 줬으면 좋겠어. 내일 밤까지 답 기다릴게. 현우.'

그러나 그날도 그다음 날도 유진은 답이 없었다. 교실 바로 앞자리에 앉은 유진을 보면서도 현우는 재차 묻지 못했다. 그날 저녁 현우와 친구들은 다시 한자리에 모였다. 오디션에 같이 참여할 새로운 보컬을 찾을 것인지, 아니면 유진을 계속 설득할 것인지 상의하기 위해서였다. 사실 유진을 설득한다 해도 그 애 실력은 알 수 없었다.

"같이한다고 나섰는데, 알고 보니 실력이 형편없으면 어쩌지?"

유진이 허락한다고 해서 마냥 좋아할 일은 아니었다.

그래서 현우는 유진에 관한 정보를 수집하기로 했다. 먼저 담임에게 찾아가 물어볼 작정이었다. 유진의 비밀이 열리는 순간이 찾아올지 모른다는 야릇한 설렘으로 셋은 상담실 문을 두드렸다.

똑똑똑.

"헤리츨리히 빌코멘, 어서 오렴. 웰컴 마이 브라더스!"

딱딱한 독일 식 발음이 담임의 상담실과 잘 어울렸다. 현우는 교실 안을 훑어보았다. 처음 가 본 상담실은 생각보다 단출했지만 아늑한 느낌이었다.

"어쩐 일로 이렇게 셋이서 나를 찾아왔을까?"

담임은 셋의 갑작스러운 등장에 걱정은커녕 오히려 기분이 좋아 보였다.

"저…… 선생님, 다름이 아니라 서유진 때문에 왔어요."

"서유진? 전학 온 서유진? 왜? 무슨 문제라도 있어?"

현우 입에서 유진이 얘기가 나오자 담임이 정색을 했다.

"아뇨, 그게 아니라 저희가 그 애랑 밴드를 함께 하고 싶은데, 영 반응이 없어서요. 이번에 오디션 프로그램에 나가려고 하는데 밴드에 보컬이 없잖아요. 그래서 같이 해 보지 않겠느냐고 물었거든요."

"아. 난 또……."

담임이 다시금 빙긋 미소를 지어 보였다.

"좋다, 싫다는 의사 표시도 없고 그냥 묵묵부답이에요. 선생님이 중간에서 좀 도와주실 수 있나 해서요."

왠지 준석의 말꼬리에 힘이 없다.

"내가? 내가 어떻게 도와줄 수 있을까? 팀을 구성하려면 너희끼리 치열하게 토론하고 나서 쿨 하게 결정해야 하는 거 아니야? 같이 갈지 말지……."

담임 말에 고개를 끄덕이면서도 셋은 실망하는 빛을 감추기 어려웠다.

"사실 말이야, 유진이는 원래 예고에서 보컬도 하고 작곡도 했던 친구고 나름 실력을 인정받기도 했어. 여기와는 완전히 다른 환경에서 살던 아이야. 너희가 드라마에서 봤던 부자들이 많이 모여 산다는 곳 말이야. 거기에서 쭉 자랐고 학교도 그곳에서 다니고. 그런데 아버지 사업이 부도나면서 학교생활도 힘들어지고 문제가 좀 생겨서 여기로 온 거란다. 아직까지 마음잡기가 쉽지 않을 거야."

'음, 유진이에게 그런 사연이 있었구나.'

담임이 들려준 유진의 얘기에 현우는 내심 놀랐다.

"너희, 가장 좋아하던 것이 가장 싫어지는 그런 경험 혹시 해 봤니? 유진이는 지금 아마 그런 상태일 거야. 자신의 꿈을 이루기 위해 쌓아 왔던 게 한순간에 사라졌을 때 찾아오는 절망감……. 지금 유진이가 망설이는 건 너희가 싫어서가 아니라 자신의 상처 때문이야. 무엇보다 한 팀이 되려면 유진이와 친해지는 게 먼저 아닐까? 의학자이자 연금술사인 파라켈수스가 이런 말을 했어. '아무것도 모르는 자는 아무것도 사랑하지 못한다. 아무것도 이해하지 못하는 자는 무가치하다. 그러나 이해하는 자는 사랑하고 주목하고 파악한다.'"

잘 나가던 담임이 또 어려운 말을 늘어놓았다.

"유진이가 어떤 아이인지 알려고 노력해 봐. 그게 먼저 아니겠어?"

셋은 상담실을 다녀온 후 머리가 더 복잡해졌다. 현우는 겉으로 보이는 그 사람의 생활을 아는 것과 그 사람의 고민과 고뇌를 아는 것은 별개일지도 모른다는 생각이 불현듯 스쳐 갔다.

"자 그럼, 세 명이 한꺼번에 달려들어 얘기하긴 그러니까 현우 네가 유진이를 만나는 게 어때? 앞집이고 우리 중에서는 네가 음악을 제일 잘 알잖아."

"그래, 그게 좋겠다."

준석의 말에 민준이 거들었다.

결국 유진은 현우의 몫이 되었다. 현우는 왠지 모를 부담감과 책임감을 느끼면서 학원으로 향하는 버스에 올랐다.

'아무것도 모르는 자는 아무것도 사랑하지 못한다.'

담임의 말이 현우의 귓가에 맴돌았다.

"쳇, 내가 서유진을 사랑할 것도 아닌데, 그 말에 신경 쓸 게 뭐람."

현란하게 볼펜을 돌리면서도 현우는 수업에 좀처럼 집중할 수 없었다.

'문자를 다시 날려 볼까? 아님, 직접 말을 걸어 볼까? 그냥 친한 척해 볼까? 좀 시크하게 대해 볼까?'

왕왕거리듯 울리는 선생님의 목소리는 영혼 없는 변주곡처럼 느껴졌고, 현우의 머릿속은 실타래가 얽힌 듯했다.

12시가 다 되어 집으로 돌아오는 길. 집 앞 놀이터에 불빛이 은은하게 보였다. 가로등이 비추고 있는 길을 따라 자신의 키만큼 훌쩍 커 버린 그림자를 바라보며 현우는 집으로 들어섰다. 언제나처럼 인사를 하고 2층 자기 방으로 올라온 현우는 엄마가 만들어 놓은 토스트를 한 입 베어 물었다. 그러고는 갑자기 몰려오는 피로감에 창문을 열었다. 덩그러니 박힌 달과 함께 알싸한 밤공기가 충혈된 눈을 씻어 주었다.

'후르르릅~!'

엄마가 타 준 코코아를 마시며 바라보는 4월의 밤, 오늘은 왠지 시선을 여기저기 돌리게 된다. 하늘에 떠 있는 별, 멀리 보이는 산, 그리고……. 앞집의 어느 방에서 비치는 불빛, 그것은 아마도 유진의 방이 아닐까? 그때 현우의 시선에 반지하의 계단을 터벅터벅 내려가고 있는 유진의 뒷모습이 들어왔다. 그 애의 피로한 뒷모습에 담임의 말이 오버랩되었다. 현우는 문득 자신이 유진에 관해 너무 많이 생각하고 있다는 걸 깨달았다.

'내가 지금 뭐 하는 거지?'

그러면서도 현우는 망설임 없이 휴대 전화를 집어 들었다.

'유진아, 밤에 미안한데 우리 제안 생각해 봤니? 너하고 만나서 얘기하고 싶다. 밴드와 음악에 대해서…….'

이렇게 문자를 보내고 물끄러미 휴대 전화를 쳐다본 순간, 밤의 정적을 깨뜨리는 경찰차의 사이렌 소리가 들려왔다.

"헉, 뭐지?"

현우는 다시 시선을 창문 밖으로 돌렸다. 놀랍게도 경찰차는 유진의 집 앞에 세워졌고, 몇몇 경찰이 유진이네 집으로 내려가고 있었다. 무슨 말인지 알 수는 없으나 소리를 지르는 남자의 목소리가 정적을 파고들자, 사람들이 하나둘씩 창문 너머로 고개를 내밀기 시작했다. 웅성거리는 말소리와 함께 유진의 아버지가 경찰의 손에 이끌려 밖으로 나왔다. 술에 취한 유진의 아버지는 경찰과 승강이를 벌였고, 그 옆에는 질겁한 얼굴의 유진이 엄마와 유진이 서 있었다.

"어…… 엇!"

현우의 입에서는 자기도 모르게 놀라움이 튀어나왔다.

경찰은 세 사람을 차에 태우고 가 버렸다. 짧은 순간 지나간 이 광경에 현우는 적지 않게 충격을 받았다. 그리고 알 수 없는 불안감에 휩싸였다. 내가 뭔가 해야 하는 건 아닐까? 선생님한테 이 사실을 알려야 하나? 그러나 한편으로 그렇게 하는 게 우습다는 생각도 들었다. 현우는 그날 밤 이런저런 생각으로 뒤척이며 잠을 설쳤다.

3.

다음 날 학교에 간 현우는 유진이 학교에 오지 않았다는 것을 알았다.

'어떻게 된 거지?'

현우는 왠지 일이 꼬여 가는 느낌을 받았다. 유진이가 자꾸 신경 쓰여 견딜 수가 없었다. 학교가 끝나면 꼭 그 애를 만나야겠다고 마음먹었다.

'전화를 해 볼까? 그냥 집으로 찾아갈까?'

고민하던 현우는 일단 유진을 찾아가 보기로 했다. 어둑해지는 골목을 따라 뚜벅뚜벅 발걸음을 옮겼다. 누군가 집 앞 놀이터 그네에 고개를 숙이고 앉아 있었다. 현우는 금방 그 사람이 유진임을 알아차렸다. 그리고 조심스럽게 다가가 유진의 옆 그네에 걸터앉았다.

"안녕!"

현우가 최대한 밝은 목소리로 알은체를 했다.

"어, 안녕……. 어젯밤에 답장을 한다는 게 금방 잠이 들어서 못 했어. 잠이 좀 많거든. 업어 가도 모를 정도라니까. 혹시 기분 나빴던 건 아니지?"

유진은 애써 상처를 감추려는 듯, 평소와 달리 지나칠 정도로 명랑하고 수다스럽게 반응했다. 얼굴은 미소 짓고 있었지만 슬픈 눈은 힘겹게 현우를 응시했다.

"학교는 왜 안 왔어?"

"땡땡이친 거지, 뭐."

장난스럽게 대답하는 유진을 안쓰럽게 쳐다보던 현우가 말했다.

"너 울었어?"

현우의 말이 채 끝나기도 전에 유진은 무너지듯 울음을 터뜨렸다. 현우는 크게 소리도 내지 못하고 숨죽여 울고 있는 유진을 어떻게 위로하면 좋을지 난감했다. 그때 불현듯 유진이 노트에 끼적이던 노래 'Ma Solitude'가 생각났다.

휴대 전화로 음원을 찾았다. 조르주 무스타키, 음유 시인이라 일컬어지는 남성 가수의 노래. 현우는 전주가 나오는 이어폰 한쪽을 유진의 귀에 얼른 끼워 주었다. 어디선가 들어 본 것 같은 음악이 부드럽게 읊조리며 흘러나왔다.

Pour avoir si souvent dormi, avec ma solitude

Je m'en suis fait presqu'une amie, une douce habitude

Ell' ne me quitte pas d'un pas, fidèle comme une ombre

Elle m'a suivi çà et là, aux quatre coins du monde

Non, je ne suis jamais seul, avec ma solitude

난 고독과 언제나 함께였고

그는 마치 친구나 습관처럼 되어 버렸어요

평소에도 고독은 다정스럽게 한 발자국도 내게서 떠나질 않아요

고독은 마치 그림자인 것처럼 친숙하게 헌신적으로, 내가 가는 곳

여기저기를 어느 곳이든 따라다녔어요

아니, 나는 결코 고독하게 혼자가 아니랍니다

고개를 숙인 채 조용히 노래를 듣고 있던 유진이 옅은 미소를 지었다. 그렇게 노래가 끝나 갈 때쯤 유진이 천천히 이야기를 시작했다.

"현우야, 인간은 양일까, 아니면 늑대일까?"

"엉? 무슨 소리야? 난 배부른 돼지가 되고 싶다는 생각을……. 음악 하는 배부른 돼지 말이야."

현우는 유진의 기분을 풀어 주려고 애써 우스갯소리를 했다. 성공! 유진이 피식 웃었다.

"이 노래 있지. 우리 아빠가 무척 좋아하는 노래야. 내가 초등학

교 때 아빠가 많이 불러 주고 같이 연주도 했었어. 아빠는 사업 때문에 바빴지만, 책도 많이 읽어 주고 여행도 같이 가는 '딸 바보'였어. 엄마도 많이 사랑해 주시고. 그런데 지금은 완전히 다른 아빠가 되어 버렸어. 알코올 중독에 가정 폭력까지. 울 엄마 얘기가 그전에 아빠가 우리를 그토록 사랑해 주지 않았으면 진작 아빠와 헤어져 나랑 둘이 살았을 거라고. 아빠하고 프랑스 배낭여행 하고 알제리에 잠시 살았던 그 시절이 그립다. 주말농장에서 토마토 기르던 일도 재미있었는데. 지금의 아빠는 예전의 아빠가 아니야. 완전히 다른 사람이 되셨어."

뜻밖에 유진의 솔직한 얘기를 들으니 현우는 엉뚱한 농담으로 분위기를 바꿔 보려 했던 자신이 좀 부끄러웠다.

"유진아, 너희 아빠도 참을 수 없는 어떤 단계가 있는 게 아닐까? 아빠도 그러고 나면 후회하실 거야. 그 순간만 분노가 폭발하는 거지."

"술이 깨고 나면 미안해하시지만 화낼 때는 정말 야수, 아니 늑대 같아."

어제 일이 생각났는지 유진의 목소리가 커졌다.

"너무 힘들어 하지 마, 다 잘될 거야. 유진아……, 너 혹시 금요일에 우리 밴드 연습하는 데 한번 와 볼래? 그냥 와서 한번 보고 맘에 안 들면 가도 좋아. 기분 꿀꿀할 때는 신 나는 음악이 최고잖아. 우리 밴드 연주 한번 들어 봐."

"그래, 생각해 볼게."

유진이 완전히 허락한 것은 아니었지만, 그래도 현우는 기분이 좋았다.

어둑어둑해지던 늦은 오후가 저녁으로 접어들었다.

유진의 얘기에 마음이 쓰이던 현우는 다음 날 담임에게 상담 신청을 했다. 유진의 집안 사정을 전할까 말까 고민하다가, 어제 유진이 했던 질문을 담임에게 똑같이 던졌다.

"선생님, 인간은 늑대인가요, 양인가요? 왜 사람은 한없이 착하다가도 한없이 악한 거예요?"

현우의 말에 담임은 놀라더니 곧 빙그레 웃으며 답했다.

"놀라운걸, 현우야! 지난번 고독을 주제로 수업했을 때, 선생님이 에리히 프롬 얘기했었지? 지금 그가 던졌던 질문을 네가 똑같이 했어. 역시 내 제자답다."

"아, 사랑에도 기술이 필요하다고 했던 철학자요? 근데 그 철학자가 그런 얘기도 했어요?"

"그래. 그는 사회철학자이면서 동시에 정신분석학자이기도 했거든. 그는 인간의 마음도 흥미를 갖고 연구했는데, 그때 인간은 늑대인가, 양인가라는 질문을 던지게 된 거야."

담임은 인간이 늑대일 때와 양일 때의 경우의 수를 생각해 보라고 했다. 현우는 우선 늑대이거나 양, 혹은 늑대이면서 동시에 양, 아니면 늑대도 아니고 양도 아닌 경우의 수가 있다고 대답했다.

"그래, 잘했어. 그런데 말이야, 현우는 늑대와 양이 의미하는 바가 무엇인지 짐작이 가니?"

"음……. 늑대는 악한 마음, 공격성, 파괴성 아닌가요? 양은 착하고 선한 마음, 도덕적인 것이고요."

"맞아. 그렇다고 얘기해야겠지."

"그러면 '인간은 늑대인가, 양인가?'를 다르게 질문해 볼까? 힌트! 방금 네 말에 간단히 대입하면 된다네."

"아! '인간은 공격적인가, 아니면 선한가?'라고 하면 되겠죠?"

"아니, 그렇게 일반화하는 건 무리가 있어. 에리히 프롬은 인간의 마음은 모순되는 두 성향을 동시에 가지고 있다고 했지. 파괴적인 성향과 그 반대인 사랑의 성향."

"선생님, 그러면 인간이 '악하다' 혹은 '선하다'라고 얘기하는 건 틀린 말인가요?"

"빙고!"

"그럼 다시 말해서 '인간은 선하지도 악하지도 않다.'라는 게 그 철학자의 주장인가요?"

"아니, 그것 역시 좀 달라. 그는 결정론자가 아니야. 인간은 선하지도 악하지도 않다가 아니라 심리적 근본 성향 자체를 인정하는가, 인정하지 않는가에서 차이가 있어. 그다음으로 후천적 환경과 의지를 강조하느냐, 아니면 자유 선택을 강조하느냐를 말하는 것이고. 쉽게 정리해서 말하면 인간의 마음에는 선과 악, 두 가지 모순되는 심리적 근본 성향이 동시에 존재하는데, 그중 무엇을 선택하는가가 중요하다는 것이지. 결국 주체의 자유와 선택 능력을 강조하는 거야."[4]

담임 얘기를 들으니 인간은 선한 선택을 할지 악한 선택을 할지 그 기로에 서서 늘 갈등하는 존재가 아닐까 하는 생각이 들었다. 그렇다면 유진이네 아빠는 왜 그러한 선택을 하게 됐을까?

"그건 그렇고 왜 갑자기 네가 이런 질문을 하지? 지난번엔 서유진 때문에 왔었지? 오늘도 그런 거야?"

담임이 넘겨짚었다.

"아, 아니에요. 사실은 착한 사람이 갑자기 악한 사람이 될 수 있는지, 왜 그렇게 변하는 건지, 그게 단지 환경 때문인지 굉장히 힘들어 하는 친구가 있어서요."

"그래? 이번엔 네 얘기가 아니고?"

"저도 아니에요."

"그래, 더 이상 묻지 않으마. 한 사람의 퍼스낼리티(personality)를 바로 성격이라고 해. 현우는 성격이 선천적인 것이라고 생각해? 아니면 환경적인 것이라고 생각해?"

"그, 글쎄요. 둘 다 포함하는 거 아닐까요?"

현우가 자신 없이 대답했다.

"네 말이 맞아. 성격은 선천적인 것도 포함하지만 사실 어떤 부분에서는 사회적 산물이라고 할 수 있지. 그래서 한 사람이 착하다가 갑자기 악한 사람으로 바뀌어서 주변 사람이 괴롭다면, 그 사람의 성격이 형성된 사회적 삶의 내용을 추적해 봐야 한단다. 그 사람이 나빠서 나쁜 성격이 아니라는 말이지."

"휴, 다행이다."

"뭐라고? 다행이라고?"

"아, 아니에요."

유진을 만나면 확실한 위로를 할 수 있을 것 같아서 자신도 모르게 다행이란 말이 튀어나왔다. 사실 현우는 유진이 아빠가 원래부터 나쁜 사람이 아닐까 생각했다. 하지만 담임의 말을 들으니 한 사람을 제대로 이해하기 위해서는 절대적인 시간과 관심이 필요하다는 생각이 들었다. 그 사람에 대한 성급한 판단은 위험한 일이기도 하고.

"얀마, 이런 얘기는 아무 데서나 들을 수 있는 게 아냐. 넌 특별 대우 받는 거야."

담임이 장난스럽게 말하며 두 팔로 현우의 목을 걸었다. 하지만 담임은 이미 현우의 마음이 유진을 향해 있다는 걸 눈치챌 수 있었다.

4.

영어 학원이 끝나고 8시가 다 돼서 세 친구가 연습실에 모였다. 현우 엄마가 시켜 준 짜장면을 먹고 바로 연습을 시작했다. 현우 엄마는 프로그레시브 록 밴드인 '예스'의 열혈 팬이었고, 그룹 'ELO'도 좋아 했고, 한때 김광석, 유재하의 광 팬이었다고 한다. 그래서 현우가 음악 하는 것을 자랑스럽게 생각했다. 연습실에 걸려 있는 현우의 기타 연주 모습을 스케치한 액자도 현우 엄마의 솜씨였다.

"야! 우리 오디션 참여하려면 보컬 빨리 정해야 해."

준석이 드럼을 툭툭 치면서 말했다.

"내가 오늘 '서유진 안 온다'에 아이스크림 건다."

민준이가 당장이라도 아이스크림을 사러 갈 기세로 말했다.

"글쎄, 아마 안 올지도 모르지……. 일단 연습부터 하자."

현우는 무심한 척 대꾸했지만, 유진이 반드시 올 것 같다는 느낌이 들었다.

현우가 몸을 비스듬히 기울이며 연주를 시작하자, 드럼의 준석과 베이스의 민준이 연주에 몰두했다. 셋이 울리는 하모니는 꽤 신선하고 경쾌했다.

연주가 서서히 절정을 향해 가는 순간 '쾅쾅쾅' 문 두드리는 소리가 들렸다.

"쉿!"

일순간 연주를 멈췄다.

"왔나 보다."

셋이 동시에 숨을 내쉬었다.

기타를 내려놓고 현우는 연습실 문을 열었다. 그런데 문 앞에 서 있는 사람은 유진 한 명이 아니었다. 유진과 한나, 이상한 조합이라고 생각했던 둘이 연습실 안을 들여다보았다.

"어, 서유진, 유한나 환영해!"

준석이 손을 흔들며 말했다.

"난 유진이 때문에 온 거야."

한나가 선을 그었다.

"한나야, 너도 온 김에 보컬 테스트 좀 받고 가라. 풍기는 분위기가 은근히 내공 있을 거 같아."

민준이 능치며 말했다.

"유진아, 어서 들어와."

당연히 올 줄 알았다는 듯 현우가 자연스레 둘을 맞이했다.

"일단 나랑 몇 곡 해 보고 아니다 싶으면 다른 보컬 찾아봐."

"좋아, 그럼 어떤 곡부터 할까?"

"언니네 이발관의 '아름다운 것' 어때?"

"유진아, 너 이 노래 알아?"

"응 잘 알아. 그럼 그 노래부터 해 보자."

"원, 투, 쓰리, 포."

준석의 드럼이 장단을 맞추기 시작했다. 청명하면서도 가볍지 않은 유진의 음색이 연습실에 울려 퍼졌다. 눈을 지그시 내리깔고 마이크에 손을 얹고 있는 그 애는 이 연습실이 처음이 아닌 것처럼 여유로워 보였다.

유진은 연이어서 몇 곡을 더 불렀다.

"우와! 서유진, 대박이야! 대박!"

준석이가 소리를 질렀다.

민준은 엄지손가락을 치켜들고 웃고 있었다. 현우는 유진에게서 눈을 뗄 수 없었다. 그 순간만큼은 유진을 제외한 다른 것엔 초점을 잃은 것만 같았다. 유진이 저렇게 눈부시고 예쁘다니! 현우는 유진에게로 달려가 그 애를 꽉 안아 주고 싶은 충동이 일었다.

풍부한 감성과 개성 있는 음색, 슬프면서도 빨려드는 묘한 분위기, 폭발적인 고음까지……. 오디션 참가자에게나 어울릴 만한 격찬이 모두 유진을 위해 준비된 것 같았다. 노래가 시작된 순간부터 현우는 완전히 유진에게 사로잡혀 버렸다.

"어때? 괜찮았어?"

유진이 확인이라도 하려는 듯 물었다.

"유진아, 네가 짱 해라."

민준이 말했다.

"현우가 우리 밴드 리더야. 두말없이 동의할 거 같은데? 차현우, 어때?"

준석이 거들었다.

현우는 기타를 현란하게 튕기며 동의의 제스처를 취해 보였다.

"와, 이제부터 본격적으로 오디션 준비 시작이다!"

그날 밤 연습실에 모인 아이들은 묘한 일체감과 동시에 날아갈 듯한 기분을 함께 나누었다.

연습이 끝난 후 현우는 유진에게 문자 한 통을 받았다.

'현우야, 신경 써 줘서 고마워. 같이 잘해 보자.'

현우의 가슴속에서는 뜨겁고 뭉클뭉클한 것이 자꾸 움직이는 것만 같았다. 마치 커다란 풍선이 부풀고 있는 느낌이었다. 눈을 지그시 깔고 노래하던 유진의 모습……. 자려고 누워 올려다본 천장에서 유진의 모습이 자꾸만 그려졌다. 눈을 감아도, 다시 눈을 떠 보아도 아득한 그 애의 영상은 지워지지 않았다.

[2] 프롬은 문명사를 분리 극복의 역사로 재정의한다. 초기 원시 인류는 성적 난교 행위와 같은 도취적 해결 방식을 취했다. 관습이나 관례, 종교에 도취함으로써 불안을 극복하는 방식도 있고 개인적 차원에서 마약 중독이나 알코올 중독도 일종의 불안 극복의 시도로 간주된다. – 《사랑의 기술》 2장

[3] "우리가 사랑을 얘기할 때 어떤 종류의 합일에 대해 말하는지 알고 있어야 한다. 그중 공서적(共棲的) 합일은 사랑의 미숙한 형태로 신체는 독립적이지만 심리적으로는 동일체를 의미한다. 공서적 합일의 수동적 형식은 복종(마조히즘, masochism)이며 능동적 형식은 지배(사디즘, sadism)이다." 이러한 융합적 관계에서 양자는 상호 의존적이다. 프롬은 보통 사랑의 관계에서 두 양상이 흔하게 나타난다고 보았다. – 《사랑의 기술》 2장

[4] 에리히 프롬 《인간의 마음》 중에서

사랑의 시작

1.

그날 이후 현우의 마음은 온통 유진에게 가 있었다. 친구들과 모여 연주하는 시간도 소중했지만, 노래를 부르며 행복해하는 유진의 모습을 보는 게 더없이 즐거웠다. 그러나 이상하게도 정작 유진 앞에서는 자연스럽게 말하기도 힘들었고, 실수를 연발했다. 혼자 있을 때면 유진과의 사소한 대화도 곱씹고 또 곱씹었다. 집 근처 놀이터, 창문 너머, 조용한 휴대 전화, 담임의 상담실……. 무얼 봐도 유진이 떠올랐다. 그 애도 혹시 이런 내 마음을 알고 있을까? 그 생각만 하면 애가 탔다.

학교에 가려고 아침을 먹는데 눈치 빠른 엄마가 물었다.

"현우야, 너 요즘 식욕도 없고 무슨 생각을 그리 오래하고 있니? 오디션 때문에 그러는 거야?"

"아뇨, 그냥."

"네가 아무 말 안 하는 걸 보니 무슨 일이 있긴 있나 본데? 우리한테는 비밀이 없었는데 말이야."

옆에서 식사를 하던 아빠가 말을 보탰다.

"아빠, 제 또래 아이들은 비밀 하나 정도는 있는 게 정상이에요."

"그런 말 하는 거 보니까 더 냄새가 나는데? 현우야, 아빠는 언제든 네 얘길 들을 준비가 돼 있단다."

의자를 현우 쪽으로 바짝 당기는 아빠에게 현우는 슬쩍 다른 질문을 던졌다.

"그런데 아빠, 아빠는 엄마를 어떻게 만났어요?"

"자식, 뜬금없이~. 그게 말이지, 아빠가 젊었을 때 김광석 광 팬이었거든. 그래서 통기타 동아리를 했는데, 거기서 엄마를 만났어. 엄마가 내 노래에 푹 빠졌다고나 할까? 아빠의 오라에 엄마가 반했지."

"여보! 사실만 이야기해요. 당신이 노래를 좀 하긴 했어도 그 정도는 아니었죠."

엄마의 웃음 섞인 대꾸가 이어졌다.

"아들, 사실은 말이야. 아빠가 날 여왕 모시듯 했단다. 내가 동아리에 나올 시간에 맞춰서 사랑의 세레나데를 부르거나 기타로 연가를 연주하는 거야. 마치 내가 들으라는 것처럼 말이지. 너희 아빠는 아주 지능적이었어."

"진짜 아빠가 그랬다고요?"

"정말이라니까. 근데 어느 날 내가 전혀 들어 본 적 없는 노래를 부르고 있더구나."

"제목이 뭐였는데요?"

"아델라이데(Adelaide)란 노래란다."

"네? 아델라…… 뭐라고요?"

현우의 커다란 눈이 동그래졌다. 처음 들어 보는 제목이었다.

"응, 베토벤이 작곡한 가곡이야. 아델라이데 선율의 아름다움이란 정말 말로는 다 표현이 안 될 정도지. 특히 테너 프리츠 분더리히의 감미로운 목소리를 아빠가 흉내 내서 부르는데, 노랫말처럼 내가 정말 아델라이데가 된 것 같았다니까."

엄마 목소리가 약간 흥분된 것 같았다.

"아델라이데가 뭐예요? 사람 이름? 아니면 여왕?"

"하하하하."

아빠가 배를 움켜쥐고 웃었다.

현우는 겸연쩍은 듯 입술을 앞으로 쭉 내밀며 어깨를 으쓱였다.

"아델라이데는 봄이 되면 알프스 산기슭에 피어나는 보라색의 작은 야생화란다. 그래서 귀엽고 청초한 여자아이 이름으로 많이 쓰이기도 하지. 이 곡은 첫사랑을 꿈꾸는 듯한 설렘과 동경으로 가득 차 있어. 그 노래를 듣고 엄마가 아빠한테 한 방에 훅 갔지."

"여보!"

엄마는 아빠를 향해 눈을 흘겼지만 목소리엔 사랑이 그득했다.

현우는 사이좋게 투탁거리는 엄마 아빠를 뒤로하고 학교로 향했다.

혹시 유진을 향한 마음을 엄마가 눈치채진 않았을까? 그냥 솔직하게 전부 털어놔 버릴까? 아빠처럼 멋진 노래로 내 마음을 전해 볼까? 이런 게 사랑의 시작인 건가?

현우의 머릿속이 복잡해졌다.

담임이 조회 시간에 수학여행에 대해서 공지했다. 올해는 일정이 당겨져서 2주 후 출발, 부여와 공주, 경주를 거치는 4박 5일 일정이다. 쉬는 시간에 현우와 밴드 멤버들, 그리고 유진과 한나가 교실 한구석에 모였다.

"얘들아, 우리 수학여행 가면 공연해야 되는 거 아냐?"

"응, 그러려면 우리 밴드 보컬인 유진에게 제일 먼저 물어봐야겠지? 유진아, 넌 어떻게 생각해? 이따가 연습실에서 얘기 좀 할까?"

민준이 유진의 반응을 살피며 말했다.

"그래……. 좋아."

현우의 눈에 살짝 어두워진 유진의 얼굴이 들어왔다.

"한나 너도 같이 와! 네가 우리 매니저 하면 되겠다."

"야, 매니저는 잘나가는 밴드에나 있는 거야."

분위기를 바꾸려는 현우의 얘기에 한나가 입을 삐죽이며 대답했다.

"그럼 우리 팬클럽 회장은 어때?"

"글쎄, 그것보다는 작사라면 생각해 볼게. 물론 유진, 네가 작곡하면 작사 비용은 공짜야."

"너희 언제 이렇게 친해졌냐? 완전 절친이 따로 없네."

친구들 말에 한나는 유진에게 장난스럽게 어깨동무까지 해 보였다.

그날 저녁, 연습실로 하나둘씩 멤버들이 모여들었다. 그런데 10여 분이 지났지만 유진은 나타나지 않았다.

'유진아, 어디니? 왜 안 와? 우리 다 모여 있어.'

현우가 유진의 어두운 얼굴을 떠올리며 문자를 보냈지만 아무런 대답이 없었다. 이번에는 한나에게 문자를 보냈다.

'한나야, 유진이 어디 있는지 아니?'

'어? 연습실로 곧장 간다고 했는데……. 좀 더 기다려 봐.'

한나의 답장에 현우와 친구들은 먼저 연주를 시작했다. 그러나 한참이 지나도 유진은 오지 않았다. 연습을 하는 중에도 현우의 눈길이 자꾸 문 쪽으로 향했다. 도통 집중하지 못하는 현우를 이상하게 바라보던 준석이 말했다.

"야, 차현우! 너 왜 이러냐? 유진이 때문에 그래? 혹시 유진이 좋아하는 거 아냐?"

현우가 당황해 아무 말도 못하는 사이에 민준이 끼어들었다.

"아, 됐고. 오늘은 안 오나 보다. 배고프니까, 일단 여기까지만 하자."

"그래, 각자 수학여행 가서 연주할 곡 정해서 다음 주에 다시 만나자."

난감해진 현우가 냉큼 민준이 말을 이어받았다.

"난 네가 유진이 좋아하는 건 관심 없어. 근데 우리 밴드를 위해서는 유진이를 꼭 잡아야 돼. 걔 실력 알잖아. 현우, 네가 신경 좀 써라."

준석이 씩 웃으며 말했다.

친구들이 돌아가고 나서도 현우는 한참을 혼자 연습실에 앉아 있었다. 오늘따라 이 공간이 너무나 크고 텅 빈 느낌이다. 유진은 왜 오지 않았을까? 아까는 반드시 올 것처럼 얘기해 놓고……. 무엇보다 유진이 노래하는 모습을 꼭 다시 보고 싶었다. 유진한테 잘 보이려고 기타 연습도 더 열심히 했는데. 연습실 벽에 공허한 시선을 날리던 현우는 차갑게 스며드는 고독에 몸이 아려 왔다. 담임이 말했던 '고독'이 이런 것인가? 현우는 오로지 유진이 보고 싶은 생각에 사로잡혀 있었다. 간절함을 담아 유진에게 다시 문자를 보냈다.

'유진아, 친구들 다 갔어. 시간 되면 연습실로 올래? 아니면 내가

서랍 이야기 2

놀이터로 갈까?'

역시 아무런 대답이 없었다.

현우는 아무 말 없는 휴대 전화만 만지작거리고 있었다. 같은 시간, 유진도 휴대 전화를 멍하니 바라보며 망설이고 있었다. 그러다가 뭔가 결심한 듯 벌떡 일어서서 현우의 집 앞으로 향했다.

"현우야! 현우야!"

유진은 처음 불러 본 것처럼 연거푸 현우의 이름을 외쳤다.

"응! 유진아, 무슨 일이야? 연습에 왜 안 왔어?"

현우는 유진과 함께 연습실로 내려갔다.

"저기, 할 말이 있는데……. 나 수학여행 못 갈 거 같아."

"아니, 왜?"

"어 그게……. 지금 우리 집이 경제적으로 많이 힘들어. 아빠는 신용 불량자가 됐고, 엄마가 마트에서 일해서 생활하고 있어. 수학여행비로 엄마한테 부담 주고 싶지 않아."

유진의 목소리가 떨렸다.

"그랬구나. 하지만 네가 없으면 우리 공연 못 할 텐데."

현우는 머뭇거리며 말을 이었다.

"아니, 그것보다 난 네가 꼭 사람들 앞에서 노래했으면 좋겠어. 네 노래를 들으면 정말 많은 사람들이 감동할 거야. 난 그렇게 믿어."

현우의 말이 싫지 않았지만 유진의 표정이 쉽사리 밝아지진 않았다.

"사실 얼마 전까지만 해도 내가 노래하는 게 사치가 아닐까 생각했어. 우리 집을 위해서는 아르바이트라도 해야 할 거 같고. 근데 말이야, 너희와 만나고 나서 노래하는 내가 정말 행복하다는 걸 알았어. 그 시간이 정말 소중하고……. 앞으로는 노래를 꼭 다시 하고 싶어."

"그래, 유진아. 정말 잘 생각했어."

유진이 발그레한 얼굴로 흐린 미소를 지었다.

"그런데 아빠는 내가 다시 노래하는 거 싫어하셔서. 열심히 공부해서 성공하길 바라시지. 딸이 좋은 대학 가는 걸 보고 싶으신가 봐. 아마도 그게 아빠의 망가진 자존심을 회복시켜 줄 거라 믿고 계신 것 같아. 내가 아빠라도 그렇겠지."

현우는 유진의 고백에 무슨 말을 해 줘야 할지 몰랐다.

"유진아, 너무 고민하지 마. 이렇게 말하는 게 너에게 도움이 될지 모르겠지만, 내 생각엔 네가 가장 잘할 수 있고, 진심으로 좋아하는 걸 해야 하지 않을까?"

현우는 자신이 마치 담임처럼 말하고 있다고 느꼈다.

"그래, 알아 나도."

유진은 고개 떨구었다.

"어떨 때는 그냥 여기서 벗어나고 싶어. 도망가 버리고 싶어. 얼마 전에 엄마랑 같이 아빠 문제로 상담을 받았거든. 그때 상담 선생님이 아빠는 현실을 도피하고 싶은 마음이 크다고 말씀하시더라. 문제를 해결해야 하는데 그럴 수 없어서 무기력하고 화가 나는 거라고. 또 책임감이 마음을 짓누르고 있어서 그런 거라고 말이야."

유진은 예전의 집이 그립다고 했다. 그저 평범한 일상을 누리고 자신을 고독하게 만들지 않는 그런 집으로 돌아가고 싶다고.

"내가 너무 많은 걸 바라는 걸까?"

유진의 음성이 가늘게 떨렸다. 둘은 서로가 알아채지 못하게 작은 숨을 내쉬었다. 유진의 아픔이 현우에게 고스란히 전해져 왔다.

"앞으로 어떻게 하고 싶니?"

"모르겠어. 조금 더 생각해 보고. 오늘 한 얘기 아무한테도 하면 안 돼. 알았지? 그럼, 갈게."

그러고는 유진은 돌아보지도 않은 채 연습실 문을 열고 나갔다. 뒷모습이 눈물 고인 그 애 눈망울처럼 현우를 슬프게 했다. 유진은 집으로 돌아갈 테지만, 그곳에서도 역시 혼자일 것이다.

현우는 기타를 들어 천천히 기타 줄을 튕기기 시작했다. 밤과 함께 흐르는 기타 선율이 유진의 쓸쓸한 마음을 대신 노래하고 있었다.

2.

현우는 유진을 향해 자꾸만 커져 가는 마음을 어떻게 해야 할지 몰랐다. 친구들에게 도움을 요청할까? 부모님께 조언을 구해 볼까? 아니면, 청소년 상담 센터에 전화해 볼까? 이런저런 생각을 하던 현우는 마지막으로 담임을 떠올렸다. 지난 수업 시간에 뜬금없이 고독에 대해서 얘기하더니 사랑의 기술이 어쩌고 하지 않았던가. 물론 얼마 전에도 담임을 찾아가긴 했지만, 그때는 유진에게 지금과 같은 감정이 아니었다. 하지만 담임의 말이 맞아떨어지기라도 한 것처럼 예고도 없이 사랑이 시작됐고, 현우는 다시 담임을 찾아가지 않을 수 없었다.

"저, 선생님……."

머뭇거리는 현우를 보고 담임이 눈치를 챈 듯 먼저 말을 꺼냈다.

"걱정 말고 얘기해 봐, 현우야. 네 얘기는 나만 알고 있을 테니.

우리 현우가 나를 찾아온 것만으로도 얼마나 고마운지 모르겠다. 무슨 일 때문에 그래?"

"선생님, 사실 저 누굴 짝사랑하는 것 같아요."

담임은 벌써 알고 있었다는 듯 평소처럼 현우의 말에 귀를 기울였다.

"그래, 사랑이 생각보다 복잡하지?"

"네, 짝사랑이라서 더 그런가 봐요."

"녀석~. 첫사랑을 짝사랑으로 시작하다니, 맘고생 좀 하겠는걸. 어때? 한없이 외롭다가도 기쁘고, 갑자기 세상에서 제일 행복한 사람이 되기도 하지? 마음이 지옥과 천당을 왔다 갔다 한다고 할까. 모든 에너지가 다 그쪽으로 쏠리고, 그렇지?"

"맞아요!"

"혹시 답답한 마음에 연애 기술이나 여자의 심리를 다룬 책 읽고 있니?"

"아……, 아니요."

현우는 예상치 못한 담임의 질문에 당황했다.

"그래, 오히려 다행이구나. 사람들은 흔히 사랑에 대한 오해를 한단다. 유머 감각, 흥미 있는 대화술, 세련된 태도와 외모, 매력 뭐 그런 것이면 사랑에 성공할 수 있다고 말이야. 어떤 사람들은 권력이나 돈으로 사랑을 살 수 있다고도 생각해."

"'사랑? 웃기지 마. 이젠 돈으로 사겠어. 얼마면 될까? 얼마면 돼?' 선생님 이 대사 알아요?"

"네가 어떻게 그걸 알고 있어? 선생님 어릴 때 굉장히 유행했던 드라마에 나온 건데."

"개그 프로그램에서 흉내 낸 걸 봤는데, 재밌어서 친구들끼리 한참 따라 했었어요. 선생님 말씀 듣다 보니까 생각났고요. 드라마보다 현실에선 그런 경우가 더 흔하겠죠?"

"그렇단다. 그런데 그건 사랑의 공동체라기보다는 사랑이라는 외투를 입은 경제 공동체이거나 이기적인 결사체일 뿐이야. 두 사람이 그런 생각으로 만나 부가 축적된다면 그것은 팀워크가 잘 맞는 경우이고, 서로의 이해관계를 위해 산다면 생각보다 관계가 오래가겠지? 하지만 그걸 사랑이라고 말할 수 있을까?"

"에이, 사랑이 뭐가 그래요. 꼭 시장의 거래 행위 같잖아요."

"현우가 옳게 봤어. 외모, 재력, 성적 매력, 학력, 집안 뭐 그런 것들만 본다면, 마치 백화점에서 상품을 고르는 것과 무엇이 다르겠니? 그런데 사람들은 그런 조건이 맘에 들면, 그 사람은 이런 면도 좋고, 저런 면도 좋고 하는 말을 늘어놓지. 거래하고 있는 자신의 본모습을 숨기기 위해서 말이야."

아직 잘은 모르겠지만, 누군가 갖고 있는 조건으로 사랑한다는 게 진실한 사랑일까? 사랑은 교환할 수 있는 게 아닌데. 그렇지만 현실은 그렇지 않으니 물질적 성공이 지배적인 현대 사회에서는 사랑도 어쩔 수 없는 건가?[5] 잠시 머릿속으로 딴생각을 하는 사이, 선생님은 사랑의 대상에 대해서 말을 이어 나갔다.

"정말 한 대상, 한 사람만 향해 있는 것이 진정한 사랑일까에 대해서도 생각해 봐야 한단다. 우리는 흔히 그걸 애절한 사랑이라고 하는데, 사실 그건 공서적 합일[6]에 대한 강렬한 열망이지, 사랑이 아니야."

"언뜻 이해가 안 가요. 사랑하는 사람 오직 한 사람만 보는 게 잘못된 건가요?"

"아니, 사랑하면 당연히 그 대상만 보이게 마련이지. 선생님도 꼭 너만 할 때 그랬어. 그런데 '사랑의 기술'을 공부하다 보니까, 사랑을 한다는 건 사랑의 대상, 그의 주변 사람, 또 그의 환경, 그를 둘러싼 세계 전체를 수용하고 받아들이고 그것이 그 속성대로 실현될 수 있도록 지켜보고 관심을 기울이는 것으로 나아가야 한다는 걸 알았어. 그게 진짜 사랑이라고 말이야."

사랑이란 걸 유진과 나, 우리 둘 사이의 사적인 것으로만 보았는데, 세계 전체와의 관계까지 생각해야 하는구나. 선생님은, 만일 내가 어떤 사람에게 '나는 당신을 사랑한다'고 말할 수 있다면, '나는 당신을 통해 세계를 사랑하고 당신을 통해 나 자신을 사랑한다'고 말할 수 있어야 한다고도 했다.[7] 기억해 뒀다가 언젠가 유진에게 얘기해 줘야지.

"요즘 현우 머릿속은 그 애 생각으로 꽉 차 있지? 매일 봐도 또 보고 싶고, 하루빨리 걔가 네 마음을 다 받아 줬으면 좋겠고. 같이 신 나게 놀고 싶고, 당연히 공부는 멀어지고."

"그렇지만 단순히 놀고 싶다는 마음만은 아니에요. 같이 밴드도 하고, 오디션도 나가고, 또 그 애 아픔까지도 어루만져 주고 싶어요."

"현우의 무조건적인 사랑을 받고 있는 그녀가 과연 누굴까, 점점 더 궁금해지네. 그래, 지금 너는 그 애에게 아주 몰입되어 있고 내면 깊이 숨겨져 있던 외로움을 쏟아 부을 대상을 찾았다는 심리적 확신을 갖고 있어. 사랑이라는 강력한 감정의 회오리에 빠진 거지."

"사랑은 원래 그런 엄청난 감정이잖아요."

"그래, 네 말대로 사랑은 당연히 강렬한 감정을 수반하지. 항상 함께하고 싶고, 죽음까지도 나누고 싶고. 그런데 그 감정이 다 사라지면 어떻게 되지? 그대로 사랑이 식어 버리는 걸까?"

"선생님, 전 아직 고백도 못했다고요. 왜 벌써부터 그런 말씀을 하시는 거예요?"

"아이고, 내가 너무 앞서 갔네."

선생님이 멋쩍은 듯 머리를 긁적였다. 선생님은 대개 사람들이 그렇듯 사랑을 단지 감정이라고만 생각해서는 안 된다고 했다. 그렇게 되면 우리는 죽을 때까지 사랑과 이별을 반복해야 할지도 모른다고. 그리고 끊임없이 사랑을 찾아 나서게 될 거라고. 그러한 삶은 분명히 자유롭지도 행복하지도 않을 것이다. 그렇다고 선생님 말씀처럼 사랑을 둘이 무엇인가를 깊이 공유하고 공동의 무엇을 만들어 가는 성장이라고 생각한다면, 그건 너무 이상적이다.

생각이 꼬리에 꼬리를 물고 늘어졌다. 그런데 사랑을 이렇게 잘 알고 있는 선생님은 왜 이제까지 결혼을 안 한 거냐고.

"사실 결혼은 선택의 문제라고 생각해. 그런데 사랑은 선택이 아니야. 그건 운명적인 거지."

"크흐, 사랑은 운명이란 말씀엔 저도 동감이에요."

"자, 운명처럼 다가온 사랑을 공고히 다지는 건 역시 당사자들의 몫이겠지? 사랑의 문제를 '사랑받는' 문제로[8] 생각하지 말고 '사랑하는' 즉 사랑할 줄 아는 능력의 문제로 생각하면 답이 보일 거야. 그리고 사랑하는 것 자체에 먼저 기뻐할 수 있어야 한다."

"네!"

"이걸로 오늘 상담은 끝! 그런데 너의 짝사랑 소녀가 대체 누구냐?"

"다음에 기회 되면 말씀드릴게요. 의리!"

완전한 답을 찾은 것은 아니었지만, 현우는 어느 정도 갈증이 해소되는 기분이었다. 이대로 달려가 유진에게 고백해 버릴까.

3.

현우는 방 안에 틀어박혀 모니터 화면을 뚫어지게 보고 있다. 오늘 현우는 유진의 가방에 몰래 편지를 넣었다. 지금 그 편지를 다시 읽어 보는 중이다.

유진아!

나, 현우야. 갑자기 편지라니, 많이 놀랐지?

너에게 내 마음을 어떻게 전할까 정말 많이 고민했어.

이런 내 마음을 전하는 게 널 더 힘들게 하는 건 아닐까,

걱정되는 것도 사실이야. 그래도 용기 내어 내 맘을 전한다.

난 요즘 아침에 눈을 떠서 잠드는 순간까지 너만 생각해.

하늘을 올려다봐도 네가 있고, 연주를 하다가도 네 생각에 빠지고,

모든 연주곡이 마치 널 위한 노래 같아.

그래서 많이 기쁘기도 하지만 한편으론 외롭기도 해.

네가 이런 내 맘을 알아주었으면 좋겠다.

얼마 전에 넛츠의 '사랑의 바보'를 연주하면서

나도 너에게만은 바보가 되고 싶다, 그런 생각을 했어⋯⋯.

몇 번을 읽어도 현우의 가슴은 설레었다. 지금쯤이면 유진이 편지를 읽지 않았을까? 너무 오글거린다고 하면 어쩌지? 휴대 전화를 만지작거리는데 정적을 깨는 알림 음이 울렸다.

'현우야, 네 맘 나도 짐작은 하고 있었어. 실은 나도 너를 더 알고 싶고, 계속 만나고 싶어. 좋아해⋯⋯. 잘 자!'

"아싸!"

현우는 슈퍼맨처럼 지붕을 뚫고 하늘로 솟구칠 수 있을 것만 같았다. 유진의 방에서 올라오는 희미한 불빛이 유진의 품처럼 느껴지기도 했다. 아, 이런 신비로운 체험이라니⋯⋯. 현우는 오랜만에 웃으며 달콤한 잠에 빠져들었다.

'현우야, 나 오늘 시간 되는데 학원 끝나고 같이 연습할까?'

유진의 문자에 기분 좋은 아침이 시작됐다.

'그래, 그래. ^^'

현우는 등굣길에 만난 낯선 사람들에게조차 감사하고픈 마음이

들었다. 똑같은 일상이지만 어제와 오늘은 분명히 다른 세계였다. 막 교실로 들어선 현우를 보더니 속닥거리던 한나와 유진이 서로 피식 웃었다.

"현우야, 오늘 표정 밝아 보인다. 암튼 파이팅 해!"

한나가 말을 걸어왔다.

"어, 나야 항상 좋지. 요즘엔 악상도 팍팍 떠올라. 창작욕이 불타오른다고나 할까."

"그럴 때 잊지 말고 메모를 해 둬. 가수들이 자기 얘기로 곡을 만들기도 하잖아."

"그래, 고마워."

현우는 수업 시간 내내 유진과 어떤 노래를 부를지, 어떤 대화를 나눌지 생각했다. 그러고는 학교가 파하자 곧장 연습실로 향했다. 노을이 질 무렵 유진이 연습실로 찾아왔다.

"유진아, 어서 와."

"와~, 깨끗해졌네!"

"네가 온다고 해서 깔끔하게 청소해 놨지."

연습실이 어느 때보다도 반짝반짝 윤이 났다. 둘은 현우가 준비한 치즈 케이크를 다정스레 먹으며 이야기를 나누었다.

"현우야, 실은 난 넛츠 별로야. 난 네가 '사랑의 바보' 주인공 따위는 되지 말았으면 해. 사랑은 모든 것을 나누고 희생도 전제되는 거라고 하지만, 사랑하면 질투도 생기고 소유욕도 생기잖아. 항상 바보처럼 그 사람을 다 수용할 수 있을까?"

"응……, 그렇겠지?"

현우는 편지 이야기를 꺼내는 것이 쑥스러운 듯 겸연쩍게 대답했다.

"언젠가 우리 아빠가 사랑의 다른 표현이 애증이라고 말한 적이 있어."

유진은 조심스럽게 아빠 이야기를 꺼냈다.

"아빠? 참, 네 아빠는 어떻게 되셨니? 잘 지내고 계셔?"

현우는 묻고 나서 바로 후회했다. 유진이 민감해할 아빠 얘기를 불쑥 물은 자신이 바보 같았다.

"울 아빠……. 아빠는 떠나셨어."

"무슨 얘기야? 왜?"

"그때 그 일이 있고 나서 며칠 동안 집에 안 들어오시더라. 나중에 미안하다는 편지를 써 놓고 떠나셨어. 예전에 아빠랑 같이 일하셨던 분이 외국에 사업을 확장하는데, 일을 봐 달라고 연락이 왔대. 아빠는 마지막 자존심까지 다 버리고 선택하신 것 같아. 이제 아빠는 사장이 아니라 직원이니까."

유진의 눈가가 어느새 붉어졌다.

"남의 도움은 절대 받지 않는 자존심 센 분이셨는데, 우리 얼굴도 보기 전에 출국하셨어. 아빠가 남긴 편지 보고 엄마랑 나랑 많이 울었어."

"그랬구나……."

순간, 현우는 유진을 꼭 안아 주고 싶었다.

"난 우리 집이 부자가 아니어도 좋아. 엄마랑 아빠랑 같이 살고 싶었어. 경제적인 이유로 멀리 혼자서 고생하실 걸 생각하면 마음이 너무 아파."

"아마 아빠가 너와 너희 엄마를 많이 사랑하셔서 그런 결정을 하셨을 거야. 가장의 책임을 다하기 위해서 말이야."

"응, 그렇겠지. 근데 나 아직 수학여행 어떻게 할지 고민 중이야. 아마도 못 갈 거 같아, 아니 안 가려고 해."

"그래? 잘됐다. 나도 안 가려던 참이었어. 우리 부모님도 알아서 하라고 하시더라."

현우는 자신도 모르게 엉뚱한 대답을 하고 말았다. 사실 현우는 이미 수학여행비를 제출한 상태였다.

"내가 안 간다고 하니까, 준석이랑 민준이도 고민하는 것 같더라."

"그래? 안 가고 뭐 하려고?"

"글쎄, 잘 모르겠어."

현우는 아무렇게나 말을 뱉고는 머릿속이 하얘졌다.

"아 이런! 너랑 얘기하다 보니 시간이 벌써 이렇게 됐네."

"나도 그만 가 봐야겠다. 엄마 오실 시간 다 돼 가."

"그래, 연습은 담에 하자."

유진을 보내고 나서 현우는 재빠르게 밴드 멤버에게 문자를 보냈다. 수학여행 대신 같이 길거리 공연을 하자고 제안했다. 민준은 수학여행만큼은 포기할 수 없다고 답이 왔고, 준석은 부모님한테 거짓말을 할 수 없다고 했다.

'애들이랑 같이 못 가서 아쉽긴 하지만, 잘됐어. 엄마 아빠를 속이는 게 좀 꺼림칙하지만, 유진과 함께 하루 종일 시간을 보낼 수 있잖아.'

그렇게 생각하니 가슴이 뜨거워졌다. 현우는 기대 이상으로 유진이 자신의 마음을 잘 받아 주는 것 같아 행복했다. 이런 기분을 담아 유진을 위한 곡을 써야겠다고 다짐했다. 그리고 며칠 동안 그 일에 매달렸다.

[5] 프롬은 시장 지향적이고 물질적 성공이 현저한 가치를 갖는 문화권에서 인간의 애정 관계가 상품 및 노동 시장을 지배하는 것과 동일한 교환 형식에 따르더라도 놀랄 이유는 하나도 없다고 말한다. – 《사랑의 기술》 1장

[6] 공서적 합일에서 마조히즘과 사디즘에 대해서 더 살펴보면, 마조히즘적 사랑은 자립성을 잃고 상대방의 힘(돈, 부, 권력, 매력 등)에 눌려 상대방으로부터 사랑을 받는 것을 통해서만 자신의 삶의 의미를 발견하려는 사랑의 태도이다. 이런 사랑은 의존적일 수밖에 없다. 이와 반대로 사디즘적 사랑은 사랑의 관계에서 자신의 힘을 발휘함으로써 지배력을 행사하려는 사랑의 태도이다.

[7] "그러나 사랑은 한 사람이 아니라 모든 사람과 관계하는 성격의 방향이라고 말하는 것은 사랑받는 대상에 따라 달라지는 여러 가지 사랑의 형태 사이에 차이가 없다는 것을 의미하진 않는다." – 《사랑의 기술》 2장

[8] "사랑은 수동적 감정이 아니라 활동이다. 사랑은 참여하는 것이지 빠지는 것이 아니다. 가장 일반적인 방식으로 사랑의 능동적 성격을 말한다면, 사랑은 본래 주는 것이지 받는 것이 아니라고 설명할 수 있다." – 《사랑의 기술》 2장

3

사랑의 즐거움

1.

수학여행을 가는 날이다. 계절의 여왕 5월, 아니 현우한테는 사랑이 익어 가는 5월의 셋째 주 월요일 아침.

"엄마 아빠, 잘 다녀올게요!"

"그래. 즐겁게 여행하고, 좋은 추억 많이 만들어 오렴."

"제가 보고 싶어도 며칠만 꾹 참으세요!"

현우는 부모님이 주신 용돈과 간식을 챙겨 들고 설레는 마음으로 집을 나섰다. 기타와 여행 가방이 제법 무거웠지만 깃털처럼 날아 지하철역으로 향했다. 현우는 유진에게 문자를 보냈다.

'유진아, 어디야?'

'나? 집이야. 너는? 수학여행 안 간다면서 뭐 하고 있어?'

'오늘 약속 없지?'

'응, 특별한 일은 없어.'

'그럼 지금 나올래? 우리 홍대에서 만나자.'

현우의 갑작스러운 제안에 당황한 듯 유진은 조용했다.

'오늘 너랑 같이 보내고 싶어. 나 거기서 기다릴게.'

'어, 그래…… 알았어.'

유진이 약간 망설이긴 했지만, 현우는 첫 데이트를 무사히 마칠 수 있을 것 같은 예감이 들었다. 이렇게 좋은 감정을 주체할 수 없는데, 애들은 어떻게 이성 친구를 그렇게 쉽게 만나고 쉽게 헤어질까? 현우는 이제야 비로소 온 마음으로 누군가를 사랑하고 있는 자신이 기특하게만 느껴졌다. 부모님을 속였다는 죄책감은 멀찍이 던져두고 재빠르게 지하철에 올라탔다. 앞으로 일어날 일에 대해선 꿈에도 생각지 못한 채 싱글벙글 마냥 좋기만 했다.

홍대는 역시 젊음의 거리였다. 친구들과 쇼핑을 하러 몇 번 와 봤지만, 유진과 같이 오니 색달랐다. 수많은 클럽이 있고 인디밴드가 활동하는 홍대 앞은 현우에겐 꿈의 거리이기도 했다. 앞으로 계속 음악을 한다면 홍대 일대에서 버스킹을 하거나 인디밴드로 활동하는 것도 좋을 것이다. 설레는 마음으로 여기저기를 둘러보던 현우가 유진에게 말했다.

"저쪽에 인형 가게 있는데, 한번 가 볼래? 세계 각국 인형이 엄청 많대."

"그래? 좋아, 가 보자."

사랑이 즐거움 3

현우는 미리 찾아 두었던 가게로 유진을 데려갔다. 사실 현우는 그 가게에서 선물할 인형까지 미리 생각해 왔다.

"유진아, 너는 테디베어가 좋아? 아니면 저기 구체 관절 인형이 더 좋아?"

"둘 다 맘에 드는데 구체 관절 인형은 좀 비싸네. 근데 아무것도 사고 싶진 않아. 보는 것만으로도 충분해. 맘에 드는 물건을 꼭 사야 한다는 욕심은 별로거든."

유진이 나를 배려해서 이런 말을 하는 걸까? 현우는 준비해 온 25만 원을 떠올렸다. 그동안 저축해 두었던 돈의 일부를 인출한 것이다.

"유진아, 그러지 말고 골라 봐. 너에게 꼭 선물하고 싶어. 네가 나였다면 둘 다 갖고 싶다고 말했을 텐데."

"응? 뜻밖이네. 순수하게 음악에만 열중하는 줄 알았는데, 의외로 소유욕도 있었네?"

"사실 출세와 성공에 대한 욕심도 많지. 단지 숨기고 있었을 뿐이야, 하하."

앗, 내가 왜 이러지? 진짜로 하고 싶었던 말은 이게 아니잖아. 현우는 사랑하는 대상 앞에서 크고 강해 보이고 싶었다. 그런데 말을 하면 할수록 오히려 작아지고 있었다.

"이제 그만 나가서 다른 거 구경하자."

유진이 현우의 맘을 알아챘는지 얼른 화제를 돌렸다.

"그래, 나 잠깐 화장실 좀 다녀올게."

현우는 화장실을 핑계로 연인이 다정하게 손을 잡은 구체 관절 인형을 샀다. 그 인형이 자신과 유진이라 생각해 주길 바라며 기쁜 마음으로 골랐다. 그리고 미리 준비한 카드도 넣어 포장을 부탁했다.

"유진아!"

현우 목소리에 고개를 돌린 순간, 유진의 눈앞에 선물 꾸러미가 보였다.

"이게 뭐야?"

"우리 첫 데이트를 기념하고 싶었어. 네 맘은 잘 알지만 받아 주라."

유진이 소리 없이 웃으며 수줍어하는 현우의 두 눈을 바라보았다. 인형 가게 앞에서 들려오는 음악 소리와 유진 손에 놓인 선물. 그리고 서로를 말없이 바라보는 둘은 이미 사랑의 달콤함에 빠진 어린 연인이었다.

무엇보다 현우가 홍대를 첫 데이트 장소로 고른 이유는 유진을 위한 거리 공연을 하고 싶었기 때문이다. 현우와 유진은 거리 공연이 펼쳐지는 곳으로 갔다. 방금 전에 공연이 끝났는지, 둘이 도착했을 때는 관객이 다른 곳으로 발길을 돌리고 있었다.

현우는 이때를 놓칠세라 용기를 냈다. 가장 아끼는 어쿠스틱 기타를 들고 온 게 다행이었다. 재빨리 기타를 꺼내 들었다.

"너⋯⋯, 여기서 연주하려고?"

유진이 놀라며 물었다.

"응, 너를 위해서!"

현우는 조용히 기타 줄을 튕기기 시작했다. 엘가의 '사랑의 인사'가 잔잔히 흐르기 시작했다. 아내의 권유로 작곡을 시작한 엘가가 그 고마움에 대한 마음을 담아 그녀를 위해 만든 곡이다. 현우는 고심 끝에 선곡한 이 곡을 매일 연습했다. 현우를 멍하니 바라보던 유진 옆으로 관객이 하나둘씩 모여들었다. 달콤하면서도 결코 과장되지 않은 듣기 좋은 기타 소리가 사람들 마음속으로 녹아들었다.

"유진아, 잘 들었니? 다음은 너를 위해 만든 노래를 들려줄게."

현우는 유진에게 시선을 잠시 두었다가 조심스럽게 악보를 펼쳐 놓고 노래를 부르기 시작했다. 사람들은 어린 연인을 흥미로운 듯 바라보았다.

그대를 만나게 된 그날 이후로

나의 시간은 멈추어 버렸지

내 평화로운 일상은 멈추어 버리고

세상엔 오직 그대와 나만이 존재하는 것처럼 느껴졌어

아무 소리도 들리지 않고

아무 말도 할 수 없었지

나는 오직 나만의 고독과 외로움 속에 빠져들었어

오, 그대가 나에게 만들어 준 이 세상

Miracle, Miracle, Miracle

아, 말할 수 없는 기적으로 당신에게 달려갑니다

내 꿈의 정원에서 그대와 함께

내 꿈의 정원에서 그대와 함께

I breathe with you, I breathe with you

현우는 담담하게 자신의 이야기를 들려주듯 노래했다. 유진은 현우의 목소리에서 그의 마음이 진심이라는 것을 알 수 있었다. 노래가 흐르는 동안 둘의 시간은 그대로 멈췄다. 그리고 하나가 된 듯 일체감을 느꼈다. 오직 사랑으로 만들어진 아름다운 선율이 둘을 감싸고 있었다.

2.

유진을 집으로 보내고 현우는 찜질방에 갔다. 천장을 보고 누우니 마치 자신이 공중에 붕 떠 있는 것 같았다. 잠이 오지 않았다. 그때 휴대 전화 진동이 울렸다.

'현우야, 집에 잘 도착했어? 오늘 네 노래는 평생 잊지 못할 거야. 고마워. 네가 선물해 준 인형은 책상 앞에 잘 놓아두었어.'

유진은 조심스럽게 놓인 인형 사진과 함께 다음의 말도 덧붙였다.

'이 인형들이 손을 잡고 있는 것처럼, 나도 너의 손을 놓지 않을 게. ♥'

'고마워 유진아, 사랑해! 진심으로.'

유진이 보낸 하트에 현우의 마음은 더욱 떨려 왔다.

"완벽하게 행복하다……."

현우는 혼잣말을 중얼거리며 음악을 들었다. 지금은 유진이 웃는 것만으로도, 그 애가 함께 있어 주는 것만으로도 충분했다. 그저 유진을 사랑한다는 것 하나로 세상의 모든 것이 행복했다. 그렇게 한참을 뒤척이다가 새벽녘에야 잠이 들었다.

"저기, 학생 거 같은데 전화 좀 받지. 정말 시끄럽네."

비몽사몽간에 잠이 덜 깬 채로 현우는 시끄럽게 울리는 휴대 전화를 집어 들었다.

"여보세요? 현우야, 아빠다."

예상치 못한 아빠 목소리에 잠이 확 깼다.

"아…… 아빠? 무슨 일이세요?"

"수학여행 재미있니?"

"네, 그럼요!"

현우는 일부러 목소리에 힘을 줬다.

"뭐? '네'라고? 수학여행 안 간 거 다 안다. 도대체 지금 어디야?"

현우는 들켰다는 생각에 덜컥 겁이 났다.

"지금 찜질방이에요. 너무 걱정하지 마세요. 바로 집으로 들어갈게요."

"알았다. 지금 바로 출발해. 엄마가 걱정하고 있으니까, 미리 연락하고."

"네, 알겠습니다. 죄송합니다."

현우는 아빠와 전화를 끊고 다시 휴대 전화를 살펴보았다. 밤사이 유진에게 문자가 와 있었다.

'현우야, 자려고 누웠는데 좀처럼 잠이 안 와. 눈을 감고 있으니까, 이사 오던 날부터 지금까지 일이 필름 돌아가듯 하나씩 떠올라. 이사 온 첫날, 우리 우연히 마주쳤지? 아마도 이곳으로 온 그 순간부터 너와 난 연인이 될 운명이었나 봐. 항상 내 말에 귀 기울여 줘서 진심으로 고마워. 아까 네가 불러 준 곡의 멜로디가 아직도 머릿속을 맴돈다.'

현우만큼이나 유진의 마음에도 사랑이 깊숙이 자리 잡은 것 같았다. 아빠의 전화로 내려앉았던 심장이 유진의 달달한 메시지로 치유되고 있었다. 집에 가서 부모님께 혼날 생각은 이미 달아나 버렸다. 현우는 침착하게 엄마에게 문자를 보냈다.

'세상에 하나밖에 없는 우리 엄마, 저 아들 현우예요. 걱정 많이 하셨죠? 죄송해요. 하지만 엄마가 걱정하실 일은 하지 않았어요. 수학여행을 가고 싶기도 했지만, 그것보다 깊이 생각해야 할 일이 있었어요. 그게 뭔지는 집에 가서 말씀드릴게요. 금방 들어갈 테니 맛있는 엄마표 밥상 부탁드려요! 사랑해요. 엄마 바보 현우 올림. ^^'

현우는 온갖 애교를 부려 혹시 모를 부모님의 불호령을 피할 생각이었다. 하지만 그다지 두려운 마음이 들지 않은 것도 사실이었다.

딩동, 딩동.

"아들, 그냥 들어오지 웬 초인종이야?"

엄마가 문을 열어 주었다.

"오늘만큼은 엄마 허락을 받아야 할 거 같아서요."

"이 녀석 얼렁뚱땅 넘어갈 생각하지 마. 도대체 무슨 일이니? 차현우! 너 수학여행비도 다 냈잖아. 우릴 이렇게 속이고 무슨 꿍꿍이가 있는 거야?"

"엄마, 아들 한 번만 믿어 주세요. 진짜 수학여행 가려고 했는데, 오디션 준비 구상을 어떻게 할지 그게 더 중요하단 생각이 들었어요. 연습이라고 해 봤자 금요일 저녁 시간밖에 없잖아요. 그래서 오디션에 참가하려면 시간이 절대적으로 부족해요. 자작곡으로 도전하고 싶은데, 그러니까 마음이 더 급해지고……."

"그래서 수학여행을 안 갔다?"

"네. 그게 다예요. 제가 감히 엄마 앞에서 꿍꿍이라뇨."

"그럼, 준석이랑 민준이도 안 갔어?"

"아뇨, 그 애들은 갔어요."

"근데 왜 너만 안 간 거야?"

"엄마, 아시다시피 제가 우리 밴드 실질적인 리더잖아요. 곡 준비도 제가 다 해야 한단 말이에요."

"아이고, 우리 아들이 제일 잘났구나, 잘났어."

엄마는 아직도 화가 풀리지 않은 듯했다.

"맞아요, 저희 팀에서는 엄마 아들이 제일이라니까요."

"농담이 나와? 우리가 얼마나 가슴 철렁했는지 아니? 우리 아들이 이럴 애가 아닌데, 엄마 아빠를 속인 것도 모자라서 찜질방에서 외박까지 하다니, 아직도 믿어지지가 않아. 네 말이 사실이라면 우리한테 미리 얘기해서 허락을 받았으면 됐잖아. 우리가 네 말을 이해 못할 사람들도 아니고. 엄마는 분명히 다른 이유가 있다고 생각해, 그렇지?"

아빠와는 달리 예리한 엄마는 의심을 멈추지 않았다.

"아, 엄마, 이번 한 번은 봐주세요. 머리도 너무 복잡하고 오디션 스트레스가 완전 심해서 훌쩍 떠나고 싶었다고요. 머리도 식힐 겸 검사겸사요."

"그럼, 어제 하루 종일 뭐 했어?"

"그냥 홍대 돌아다니면서 이것저것 구경하고 음악 공연 보고 그랬어요. 저녁엔 찜질방에서 잤고요."

"그래? 혼자 그랬단 말이지?"

엄마는 집요하게 물고 늘어졌다.

"그럼, 혼자지 누구랑 다녀요? 애들은 다 수학여행 갔는데."

"알겠어. 아직도 네 말을 전부 믿긴 어렵지만, 처음이니까 이 정도로 넘어갈게. 다음에 또 이런 일이 생기면 알아서 해."

"에이, 엄마. 담에 제가 또 이러면 엄마 아들이 아니죠."

"녀석, 끝까지 장난이야!"

현우는 거짓말을 척척 하는 자신이 놀라웠다. 휴~, 어찌 됐든 문제는 해결됐다. 현우는 방으로 들어와 유진에게 그사이 벌어진 일을 얘기했다. 둘은 죄책감보다는 아무도 모르는 둘만의 비밀을 하나 공유한 기분이었다.

3.

"유진아 손에 그거 뭐야?"

연습실에서 만난 유진의 손에 조그만 상자가 들려 있었다.

"응 이거……, 나도 너한테 선물하고 싶어서."

"와, 정말? 기대된다."

현우는 서둘러 포장지를 뜯어 보았다. 연두색과 검붉은색이 조화를 이룬 기타가 새겨진 휴대 전화 케이스였다.

"휴대 전화는 항상 가지고 다니니까."

"와우, 정말 고마워. 이거 평생 가지고 다닐게. 네가 끼워 주라."

"그래, 알았어."

유진의 손길이 닿자, 기타에 촘촘히 박힌 큐빅이 반짝 하고 빛났다.

"현우야! 어제 그 노래 있잖아, 같이 연습해 볼까?"

"어제 내가 작곡한 노래?"

"응, 그거."

둘은 오래전부터 호흡을 맞춰 왔던 사이처럼, 서로의 눈길을 쳐다보며 나지막이 함께 노래했다.

"넌 정말 기본기가 탄탄하구나. 한 번 들은 노래를 이렇게 잘 부르다니. 혹시 절대 음감이야?"

"아니야, 나보다 노래 잘하는 사람이 얼마나 많은데. 근데 감정을 최대한 살리면서도 절제미 있게 불러야 하는데, 너무 내 감정에 취해서 부른 거 같아. 네가 선물한 노래라서 그런가 봐."

유진은 이 곡으로 오디션에 참가하는 게 어떻겠느냐고 물었다. 둘에겐 의미가 있는 곡이니까. 다만, 반주 전이나 후렴구 들어가기 전에 랩을 좀 집어넣거나 반복되는 부분을 좀 더 폭발력 있는 멜로디 라인으로 잡으면 훨씬 괜찮은 곡이 될 것 같다고 충고해 주었다.

"나도 뭔가 아쉽다고 생각했는데. 네가 말한 대로 한번 고쳐 볼게. 우린 정말 호흡이 잘 맞는 것 같다."

현우의 칭찬이 부끄러운 듯 유진의 볼이 살짝 홍조를 띠었다.

시간 가는 줄 모르고 밤늦도록 연습을 계속한 둘은 서둘러 집으로 향했다. 아직 남아 있는 벚꽃이 화려한 죽음을 맞이하기 위해 눈처럼 휘날렸다. 때마침 5월의 크리스마스 캐럴이라고 불리는 '벚꽃엔딩'이 들려왔다.

"유진아, 내가 6학년 때 제주 올레길을 8일 동안 걸은 적이 있거든. 하루에 20킬로미터 이상씩 걸어야 했는데, 정말 죽을 것 같았어. 난 힘들 때 그때 기억과 풍경을 떠올려. 그러면 이상하게 다시 힘이 나더라. 유진이 너와도 그런 시간을 함께 쌓고 싶어."

"그래, 우리에게도 언제가 그럴 날이 오겠지?"

둘은 다정하게 손을 잡고 걸었다. 어린 연인은 이렇게 자신들만의 사랑의 일기장을 한 줄씩 써 내려가고 있었다.

친구들이 수학여행에서 돌아왔다. 현우와 유진에게도 꿈같은 날이 지나고, 일상이 그들을 엄습했다. 아침 조회가 끝나 갈 즈음 담임이 현우를 찾았다.

"현우는 점심시간에 잠깐 선생님 상담실로 오도록, 알았어?"

"네? 알겠습니다."

엄마가 담임에게 무슨 얘길 한 거지? 담임이 어디까지 알고 있는 거야? 준석과 민준이 쉬는 시간마다 수학여행 괴담을 들려주느라 바빴지만, 현우 귀엔 잘 들어오지 않았다. 점심시간 종이 울리자마자 현우는 담임을 찾아갔다.

"밥은 먹었니?"

"네, 대충요."

"그럼, 우리 나가서 잠깐 얘기 좀 할까?"

담임은 학교 뒷산 산책로로 현우를 데리고 갔다.

"현우야, 수학여행에 왜 안 왔니? 어머님 걱정이 크시더라. 어떻게 된 일이야?"

현우를 부드럽게 달래면서도 위엄 있는 어조였다.

"혹시 전에 말한 짝사랑 때문이냐? 아니면 다른 문제라도? 집안 일이라든가……."

담임은 이미 무엇인가 알고 있는 듯 묘한 표정을 지었다.

"선생님이 짐작하시는 그 고민이 맞아요."

"그래? 역시 그랬구나."

사실 지금 현우에겐 고민 따위 있을 리 없었다. 수학여행 전에는 유진과의 사랑에 진전이 없어 힘들었지만, 바로 어제까지도 둘이 얼마나 찬란한 시간을 보냈던가. 담임의 관심이 고마워서라도 고민을 만들어야 할 것 같았다. 뭐, 미리 알아 둬서 나쁠 것도 없으니 예전부터 궁금했던 걸 물어보기로 했다.

"선생님, 누군가를 사랑하면, 왜 그 사람만 생각나고 항상 같이 있고 싶고 만지고 싶은……."

"하하하."

담임이 현우 말이 채 끝나기도 전에 호탕하게 웃었다.

"너 혹시 그 애랑 키스해 봤니?"

"아뇨, 전혀요. 전 사실 그 애를 안고 싶고 키스하고 싶지만 꾹 참고 있어요. 제게 소중한 사람이니까, 그 애가 원하기 전까지는 지켜 주고 싶어요."

"우리 현우가 참사랑을 하고 있는지도 모르겠네. 그런데 사랑이라는 것은 그렇게 하나가 되고 싶은 거란다. 영혼, 육체, 정서, 모든 면에서 말이야. 그런데 프로이트 같은 정신분석학자는 플라톤 이래로 철학자들이 사랑에 부여했던 형이상학적인 의미를 다 부인하고 사랑은 성적 욕망의 투사이며 결합에의 욕구라고 단정 지었지. 인격적인 하나 됨의 결과로서 사랑이니 결혼이니 그런 것은 그야말로 '허구'로 본 거야."

"에이, 프로이트의 시각은 새롭긴 하지만 그게 전부는 아닌 것 같아요. 저희는 뽀뽀도 한 적 없지만 함께 있다는 것만으로 정말 행복한걸요."

"녀석, 두 눈에 하트가 장난 아닌데? 네 말을 들으니 고백에도 성공한 것 같고."

역시 담임은 눈치가 빠르다. 선생님은 특별히 육체적인 사랑, 감각적인 사랑에 집착하는 사람들이 있고 그것으로 관계를 오래 지속하는 사람들도 있다고 했다. 하지만 그것이 우리가 말하는 사랑의 전부는 아닐 것이다. 이어서 선생님은 성적 만족이 사랑이 아니라 사랑의 결과가 성적 만족으로 나타나는 거라고 얘기해 주었다.[9] 더 자세한 건 나중에 크면 알게 될 거라고 덧붙이면서. 담임은 조금 다를 줄 알았는데, 어른들은 항상 이런 식이다.

"그렇다고 오해는 하지 마라. 성적 결합이 없는 정신적인 사랑이 최고의 사랑이고 모든 사람이 그것을 추구해야 한다는 것도 일종의 사랑에 대한 이데올로기니까. 그리고 네가 같이 있고 싶고, 손잡고 싶은 감정은 남녀 간의 사랑에서 지극히 자연스러운 일이야."

하지만 이런 자연스러운 상황을 경멸하는 것도 일종의 성적 트라우마의 결과라고 볼 수 있다고도 했다. 물론 프로이트라는 사람의 시각에서 그렇다는 얘기다. 그런데 아빠 같은 남자 친구를 찾고 싶어 하는 여자들의 심리는 뭘까? 단순히 보호받고 싶어서 그러는 걸까? 유진이 떠올라서 물었다.

"왜? 네 여자 친구가 아빠 같은 남자 친구를 원하니?"

"아뇨, 그런 건 아닌데 아빠를 무척 사랑하는 것 같아요."

"그래. 그건 딱 뭐라고 단정할 수는 없단다. 사랑의 성격과 강도, 역사, 색깔에 따라 다르게 판단할 수 있으니까. 그런데 한 가지 좀 거칠게 얘기하면, 여자 친구나 남자 친구에게서 아버지나 어머니를 찾는 것은 일종의 신경증적인 사랑이라는 거야. 무슨 얘기냐 하면, 자신의 어머니나 아버지한테 품고 있었던 기대, 희망, 혹은 공포…….뭐 공포는 대개 존경심의 다른 표현이기도 한 건데, 그런 감정을 상대방에게 전이시키는 거지."

만약 그런 대상을 찾는 여자 친구와 사귄다면 어떨까? 으으, 아무래도 좀 힘들겠지. 이만큼 컸는데 아직도 엄마 아빠한테 의지하면 어린아이랑 다를 게 없지 않을까. 정서적으로 미성숙한 사람은 더 나아가서는 정신적인 독립이 안 돼 있을지도 모른다는 선생님 말씀도 맞고. 그런 사람들은 아마도 이성 친구가 아니라 부모님을 대신할 사람, 즉 보호자를 찾는 거다.

"그런데 현우야, 능동적 사랑에는 보호가 따르게 마련이야.[10] 여기서 말하는 보호의 의미를 잘 생각해 봐야겠지?"

"보디가드처럼 그 애를 항상 따라다니면서 지켜주는 건 보호가 아닌가요?"

"물론 그것도 일종의 보호라고 할 수 있지. 하지만 진정으로 보호를 한다는 것은 먼저 그의 생명과 인격적인 성장, 그에 대한 관심이 전제되어야 한단다. 보호라는 명목으로 그의 성장과 발전을 방해하고 오히려 나에게 더 의존하게 만들어 버리는 건 바람직하지 않겠지? 그것은 주체와 주체 간의 사랑이 아니라 사랑의 관계에서 강자와 약자를 가르게 만들고 말거든."

능동적 사랑에 보호가 따르는 건 자식에 대한 모성애를 보면 가장 잘 알 수 있다고 했다. 엄마가 현우를 무조건적으로 칭찬하고 불평불만을 다 들어주는 게 아닌 것처럼. 부모가 채찍과 당근을 적절히 이용해 자식을 독립된 인격체로 성장시킬 수 있도록 만드는 것, 그것이 현우가 몰랐던 보호의 또 다른 의미였다.

"그러니까 선생님 말씀은 그 애를 독립된 주체로 인정하고, 사랑하는 게 진정한 보호라는 것이죠?"

"그렇지! 역시 가르친 보람이 있어. 사랑에 대해서 배우려는 현우의 적극적인 모습을 보니 내가 다 뿌듯하다."

"크크, 그럼 딱 한 가지만 더 물어도 될까요?"

"칭찬은 고래도 춤추게 한다더니, 하지만 오늘은 이걸로 마지막이다."

"왜 사랑을 하면 제 자신이 점점 작아지고 초라해 보이는 건가요? 반면, 상대방은 거대하고 넘어설 수 없는 벽처럼 느껴지고 말이죠. 사랑하는 모든 사람들이 다 그런 경험을 하나요? 아니면 특정한 사람들만 그런 건가요?"

"사랑은 원래 그렇게 불합리한 거란다. 그런데 이건 사랑의 초기 단계에 해당되는 것도 아니고, 사랑하는 대상 앞에서 자신의 순수함과 겸손함을 드러내는 감정도 아니지."

아, 어렵다. 사랑하는 대상에 대한 동경심 때문에 그런 맘이 드는 거라고 생각했는데…….

"네가 말한 건 '우상 숭배적 사랑'이야. 상대방을 우상화하고 자신을 신민화한다고 할까? 신민은 우상을 따르는 사람을 가리켜. 그러니 본래 자기 자신이 없는 상태지. 자기 자신을 잃어버리고 그의 표정과 눈빛에 천국과 지옥을 왔다 갔다 하는 거란다. 과연 우상화하는 사람이 요구하는 걸 신민이 잘 해낼 수 있을까?"

음, 처음부터 우상화한 대상은 신민의 능력을 넘어선 요구를 하지 않을까? 그렇게 자신을 잃어버린 채 하는 사랑은 결국 자기 자신도 사랑도 얻지 못할 것이다. 물론 예외도 있다고는 한다. 우상이 어여삐 봐 줘서 측은지심으로 품어 주는 사랑, 그런데 그것이 진정한 사랑은 아니겠지.

"선생님, 그럼 우상 숭배적 사랑에 반대되는 사랑도 있나요?"

"오! 좋은 질문이야. 그건 말이지, 자아도취적으로 사랑하는 거야."

"자기 혼자 사랑을 한다고요?"

"그렇지. 마치 그 애는 나 없이는 도저히 행복할 수 없어. 나니까 널 사랑하지 누가 널 사랑하겠어. 그런 착각에 빠진 게 다 일종의 자아도취적 사랑이지. 가부장적인 방식으로 남성 주도적인 사랑을 하면서 스스로 만족해하는 경우도 이에 해당되지. 다른 의미에서는 지배적인 사랑이라고 부르기도 하고. 돈의 향기와 권력의 힘을 내세워서 사랑을 쟁취하려는 것도 마찬가지지."

"진짜가 없네요. 모두 다 가짜 사랑 같아요."

"선생님 생각도 너와 같단다. 현대인들이 이렇게 사랑의 이름을 빌린 사이비 사랑에 빠져 있기 때문에, 사랑의 실패를 계속해서 경험할 수밖에 없는 거야. 진정한 인간관계로서의 사랑, 상품이 아닌 사랑, 교환 가치로 환산되지 않는 사랑은 거의 불가능하다고 봐야지.

그렇지만 희망은 있어. 사랑에 대한 실패를 거듭하지 않으려면 우린 어떻게 해야 할까?"

"으음, 사랑의 기술을 배워야겠죠!"

"그래, 그래. 이제 막 사랑을 시작한 너에겐 더없이 중요한 얘기지."

"네 선생님, 오늘 말씀 감사합니다."

"아이고, 네 덕분에 수업에 늦겠다. 빨리 가자."

"히히, 선생님 덕분에 저도 늦었는걸요."

담임과 현우는 앞서거니 뒤서거니 교실로 달려갔다. 현우는 유진에게 담임과 나눈 이야기를 들려주고 싶었다. 그리고 진정한 사랑에 대해서 함께 이야기를 나누고 싶었다.

[9] 프롬은 프로이트처럼 사랑을 성적 결합을 통한 리비도(성적 본능의 에너지)의 충족으로 간주하지 않는다. 프로이트 식으로 본다면 서로 육체적 결합을 원할 때만 사랑한다는 잘못된 추론을 하게 된다고 보았다. 또한 프롬은 리비도적 사랑의 동인인 성적 욕망이 프로이트가 생각하는 것보다 다양하다고 보았다. 가령 프롬은 허영심, 파괴 욕구, 불안 등도 성적 욕망의 동인이라고 주장한다.

[10] 프롬이 말하는 사랑의 요소로는 보호, 책임, 존경, 지식 등이 있다. 사랑의 요소는 서로 연결돼 있다. 예를 들어 사랑하는 사람을 존경하려면 그를 잘 알지 않고서는 불가능하다. 또 보호와 책임은 지식에 의해 인도되지 않는다면 맹목일 것이다. - 《사랑의 기술》 2장

4

사랑이
사랑을 막다

1.

유진을 진정으로 사랑한다는 것은 그 애 자신이 원하는 사람이 될 수 있도록 돕는 것일 테다. 그래서 현우는 유진과 사귀게 된 후 학교에서 행동을 더욱 조심했다. 이상한 소문이 나는 걸 막고 싶었고, 유진이 아이들 입방아에 오르내리는 것도 싫었기 때문이다. 그런데 뜻밖의 사건은 집에서 벌어졌다.

"현우야, 엄마 아빠가 너랑 얘기를 좀 하고 싶은데. 저녁 먹고 시간 어떠니?"

"네, 그럴게요."

현우는 기분 좋게 대답했지만, 부모님이 유진과의 관계를 눈치챈 건 아닌지 은근히 걱정이 되었다. 오랜만에 현우네 가족이 저녁 식탁에 둘러앉았다.

"네가 좋아하는 파스타 만들려고 장 보러 갔다가 직접 담근 간

장게장이 있기에 사 왔어. 너도 좋아하고 아빠도 좋아하는 거니까,
많이 먹어."

"네, 맛있게 먹겠습니다. 그런데 엄마…… 무슨 일이에요? 두 분
이 함께 하실 말씀이란 게."

"녀석, 성질도 급하긴……. 일단 밥부터 먹고 얘기하자꾸나."

아빠가 점잖게 이야기했다.

현우는 두 분에게 뭔가 있다는 생각이 들었고, 긴장하지 않을
수 없었다. 밥도 먹는 둥 마는 둥 했다. 식사를 마치고 마침내 엄마가
차를 내 왔다.

"현우, 너 며칠 전에 찜질방 갔다고 했지?"

"네, 지난번에 말씀드렸잖아요."

"혼자 갔어?"

"네, 그것도 말씀드렸고요."

"그럼 홍대 앞은?"

현우는 잠시 말문이 막혔다. 엄마 아빠가 서로 눈짓을 주고받았
다. 어떻게 대답해야 할지 머리가 멍해졌다. 이 상황을 잘 빠져나갈
방법이 없을까.

"왜 말이 없어?"

이번에는 아빠가 재촉했다.

"혼자 갔어요."

"진짜 혼자 갔어?"

엄마가 다시 한 번 묻자 현우는 더 이상 유진과의 사이를 숨길 수 없음을 직감했다.

"홍대 같이 간 친구 누구야?"

"엄마가 그걸 어떻게 아세요?"

"그게 중요한 게 아니잖아. 우린 아들한테서 솔직한 얘기를 듣고 싶을 뿐이란다. 다른 사람한테서 네 얘기를 전해 듣고 그걸로 널 판단하고 싶진 않아."

늘 현우에 대한 무한 신뢰를 보여 줬던 엄마이기에 현우는 맘이 아주 무거웠다. 아빠는 말없이 현우를 뚫어져라 쳐다보았다. 마치 검사가 죄인을 보는 시선으로.

"사실은 저 좋아하는 여자 친구 있어요. 그 애랑 함께 갔어요."

"수학여행 빠진 것도 그 애 때문이야?"

분위기가 무겁게 흘렀다. 아빠는 식어 버린 차를 한입에 털어 넣었다.

"좀 심각하구나, 너. 안 되겠어."

"아빠, 죄송해요. 엄마한테도 드릴 말씀이 없어요. 하지만 엄마 아빠가 걱정하시는 그런 일은 없었어요. 두 분이 걱정하실까 봐 일부러 말 안 한 거예요. 근데 저 진짜 그 애 좋아해요. 진지하게요."

"휴우, 그 애에 대해 말해 줄 수 있니?"

"기억 못하시겠지만, 엄마 아빠랑 마주친 적도 있어요. 얼마 전에 저희 앞집으로 이사 왔잖아요. 같은 반이고, 저랑 비슷한 취향을 갖고 있어요. 대화도 잘 통하고요. 그리고 저희 밴드에도 꼭 필요한 아이예요. 앞으로도 엄마 아빠에게 걱정 안 끼쳐 드릴 거고요. 성적 관리도 알아서 잘할게요."

엄마 아빠는 아무 말도 하지 않았다. 잠깐의 침묵이 참으로 길게 느껴졌다.

"현우야, 우리는 너의 감정을 존중한단다. 그리고 네 여자 친구 감정도 역시 존중해. 그러나 아빠 생각에는 지금은 둘의 감정을 조금 자제할 때인 것 같아. 대학에 들어가서 사귀어도 충분하지 않을까? 그리고 그 애 아빠……. 지난번 가정 폭력 문제도 있었잖니? 그런 환경에 노출되어 있는 아이가 정상적인 생각을 할지 심히 의심스럽구나."

엄마 아빠가 번갈아 가며 이야기를 계속했다.

"한창 공부할 나이에 지금 이성 친구를 사귀는 것도 문제지만, 사귀고 나서 우리한테 거짓말한 게 더 큰 문제야. 그것도 여러 번이나 말이야. 수학여행 가지 않은 것도 오디션 때문이라고 했고, 홍대 앞에도 혼자 갔다고 했고. 그 친구 만난 이후로 엄마 아빠를 몇 번이나 속인 거야? 한 번 거짓말이 또 다른 거짓말로 이어지고. 엄마 아빠는 아들이 그렇게 우리를 속이리라고는 상상도 못했다."

현우는 두 분 얘기에 한동안 말을 잇지 못했다.

"엄마 아빠한테 거짓말한 건 죄송해요. 하지만 아빠 말씀은 이해가 되지 않아요. 우리 둘의 감정을 존중한다면서, 지금은 때가 아니라고 말씀하시다니. 그건 진정으로 제 감정을 존중하는 게 아니잖아요. 물론 무엇을 걱정하시는지 잘 알아요. 그래서 더 열심히 하려고 마음먹었는데. 누군가를 사랑하는 감정이란 게 하루아침에 정리되고 없어지는 게 아니잖아요. 아빠 말씀대로라면 '그 감정을 잘 보관했다가 대학 들어가서 다시 꺼내 쓰면 되잖아. 그건 허락하마.' 하는 것과 다르지 않다고 생각돼요."

현우는 거침없이 이야기를 쏟아냈다. 아빠는 자신의 예상과 다른 현우의 반응에 얼굴이 점점 상기됐다.

"그리고 아빠, 아빠가 그런 편견을 갖고 있다는 건 정말 몰랐어요. 가정 폭력에 노출된 아이들이 정서적으로 문제가 있다고 하셨는데, 무슨 근거로 그렇게 단정하시는 거예요? 그리고 먼저 그 애한테 왜 그런 일이 발생했는지, 이후에 어떻게 되었는지에 전혀 살펴보지도 않고 일방적으로 말씀하시니까 정말 화가 나요. 제 여자 친구에게 아빠의 편견과 잘못된 판단이 작용한 거 같아요. 아빠는 환경 운동하는 이유를 환경 약자, 환경 소외자를 위한 일이라고 늘 말씀하셨잖아요. 아빠가 폭력의 희생자를 바라보는 시선은 사회적 약자를 바라보는 시선이 아니라 강자의 시각, 냉정한 평가자의 시각이 아닌가 생각합니다. 기분 나쁘시다면 죄송하지만, 저는 정말 엄마 아빠가 이렇게 말씀하리라고는 생각도 못했어요."

아빠는 마른기침을 몇 번 하고 나서, 잠시 무엇인가를 생각하고 있었다.

"엄마는 오늘 네 모습에 정말 실망했어. 이제 다 큰 줄 알았는데, 어린아이같이 철없고 무례한 모습이 아직 남아 있었구나. 우리가 무슨 의도로 말하는지 다 알면서 편견이라고 말하는 거니?"

감정이 실린 듯 엄마의 목소리가 커졌다.

"아냐, 여보. 심정적으로는 현우한테 화가 나지만, 틀린 말은 아니야. 충분히 그렇게 생각할 수 있지."

현우와 부모님은 각자의 상황과 입장을 이성적으로는 이해하지만, 가슴으로 동의할 수 없는 상태였다. 부모와 자식 간 수천 년을 이어 온 갈등이 지금 현우의 집에서 재연되고 있었다.[11]

현우가 오랜 침묵을 깨고 말했다.

"엄마, 아빠 저희를 인정해 주세요. 결혼을 전제로 사귀는 것도 아니고, 그 애와 제가 나쁜 짓을 하거나 둘만의 도피처를 찾으려는 것도 아니잖아요. 아직 학생이니까 성적 관리가 중요하다는 것도 알고, 서로를 소중하게 지켜 줘야 한다는 것도 알아요. 그러니 제게 그냥 맡겨 주셨으면 해요. 그리고 그 애와 사귀는 것과 밴드 활동을 연결 지어서 생각하지 않으셨으면 좋겠어요. 이만 제 방으로 갈게요.

죄송합니다."

현우의 단호하고 일방적인 통보에 부모님은 멍한 표정을 지을 뿐이었다. 현우에게 부모가 갖는 우려와 근심을 허심탄회하게 전하면, 수긍할 것이라고 믿었는데……. 그 기대가 무너졌다는 허탈감에 엄마 아빠는 말문이 막혔다. 게다가 조목조목 따지고 드는 현우를 보면서 이래서 자식이 키워 봤자 다 소용없다는 것인가? 하는 비참함마저 들었다.

"차현우! 너 정말 그럴래? 당장 못 나와!"

엄마가 소리를 질렀지만, 현우는 방문을 잠가 버렸다. 엄마 아빠는 현우의 방문을 바라보며 소파에 그대로 앉아 있었다. 현우는 현우대로 화가 풀리지 않아 방 안을 서성거렸다. 자신의 행동이 부모님에게 어떤 실망감을 주었는지 그 생각은 이미 머릿속에서 사라졌고, 유진에 대해 나쁘게 얘기한 부모님이 원망스럽기만 했다.

"엄마 아빠도 중학생 때 만나 사귀었으면서……."

혼자 중얼거리다 휴대 전화를 만지작거렸다. 오늘 일을 유진에게 이야기할까. 아니, 난 유진을 지켜야 하고 유진을 아프게 해서는 안 돼. 나 혼자 감당해야 돼. 갑갑한 마음에 침대에 누워 유진과 같이 찍은 사진을 하나하나 살펴보았다. 사진 속 유진의 모습이 더욱 사랑스럽게 보였다. 현우는 유진에게 문자를 보냈다.

'유진아, 오늘 밤은 네가 더 보고 싶다. ㅜㅜ'

'나도 네가 보고 싶어. 근데 현우야, 무슨 일 있어?'

'아냐, 그냥……. 푹 자고 내일 보자. 꿈에서 만나.'

'응 그래. ^^'

다음 날 아침, 식탁에 둘러앉은 현우와 부모님은 아무런 대화 없이 식사를 마쳤다. 현우는 가장 먼저 일어나 집을 나섰다. 학교로 향하는 마음이 무거웠다. 이 갈등을 어떻게 해결해야 할까. 그러나 뾰족한 답이 생각나지 않았다. 부모님에게 들키지 않도록 조심했어야 했는데. 현우는 잠시 자신을 책망했지만, 이미 일은 벌어졌고 어떻게든 해결해야 한다. 밴드 멤버에게 상의해 볼까 했지만, 그러면 유진의 귀에도 들어갈 테고……. 에이, 이럴 때 떠오르는 사람은 왜 담임밖에 없을까. 선생님에게 조심스럽게 연락했다.

'선생님 오늘 시간 좀 있으세요?'

'무슨 일?'

'아뇨, 특별한 일은 아니고요, 지난번에 제 얘기 들어주신 게 감사해서요.'

'어이쿠, 해가 서쪽에서 뜨겠다. 그건 뭐 담임으로서 당연한 일이니까. 할 말 있으면 점심 먹고 상담실로 와, 거기 있을 테니까.'

'네, 감사합니다.'

담임과 약속을 잡으니 마음이 한결 편안해졌다. 교실에서 유진과 마주친 현우는 씩 웃어 보였다. 그렇지만 유진의 눈엔 현우의 불편한 마음이 감지됐다.

"현우야, 얼굴이 안 좋아 보여. 무슨 일 있어?"

"아니, 괜찮아. 어제 자다가 깨서는 한참을 뒤척여서 그런가 봐. 암튼 신경 써 줘서 감사."

역시 유진에게 어제 일을 사실대로 말하는 건 안 돼. 안 그래도 저렇게 나를 걱정하고 있는데, 유진의 마음까지 무겁게 할 수는 없지. 현우는 점심을 폭풍 흡입하고 부리나케 상담실로 향했다.

"저…… 선생님, 저희 밴드요. 곧 오디션에 나갈 예정인데, 밴드 이름 좀 지어 주시면 안 돼요?"

"응? 아직까지 이름이 없었단 말이야?"

"아뇨, 오디션에 나가려면 인상적인 이름이 필요할 것 같아서요."

"그건 너희 멤버랑 상의해서 결정해야지. 선생님이 낸 아이디어로 밴드 이름 정하면 작명 비용 청구할 거야. 자, 차현우, 괜히 딴소리하지 말고 그래서 본론이 뭐야?"

오, 눈치 백단. 괜히 상담 샘이 아닌 듯하다. 평소엔 딱딱하고 건조한 듯 보이지만, 상담실로 찾아가면 섬세하고 따뜻하기까지 하다. 그래서 뭐든 털어놓게 되는지도 모른다.

"선생님, 큰일 났어요. 부모님이 제가 여자 친구 사귄다는 걸 알아 버렸어요. 예상과 달리 저희 교제를 반대하세요. 지금은 그럴 때가 아니라면서요. 또 제 여자 친구에 대해 편견도 갖고 계시고요."

"그랬구나. 그래서 넌 부모님께 뭐라고 말씀드렸니?

"제가 알아서 할 테니 걱정 마시라고 했어요. 왜 그런 편견을 갖고 계시냐고 화도 냈고요. 평소 저를 대하던 엄마 아빠의 모습이 아니었어요."

"음……. 그게 현명한 행동이었는지 어떤지는 스스로 생각해 볼 문제인 듯하고. 어쨌든 문제의 키는 네가 갖고 있다는 건 잘 알고 있구나."

현우는 하루라도 빨리 부모님과의 갈등을 해결하고 싶어 조바심이 났다. 그런데 담임은 뜬금없이 다음과 같은 이야기를 꺼냈다.

"너는 여자 친구에게 내가 이만큼 사랑하니까 너도 이만큼 아니, 그 이상으로 나를 사랑해야 한다고 요구할 수 있니? 기브 앤 테이크. 보통 남녀 간의 애정 관계를 이렇게 말하곤 하지. 사실 이건 교환의 논리와 다를 바 없단다. 어때, 네 생각은?"

"선생님, 교환 논리는 경제에 해당하는 거 아녜요? 사랑의 감정을 그렇게 치부해 버리다니 슬픈 일이네요."

"그렇지? 안타깝게도 현대 사회를 지배하는 경제 논리가 사적 감정의 영역에도 침투해 작용하고 있단다. 미성숙한 사랑을 하는 이들은 네가 잘해 주니까 나도 잘해 주고 싶다고 생각하지. 이렇게 어린아이의 사랑은 '나는 사랑받기 때문에 사랑한다'는 원칙을 따르지.

부모와 자식 간의 사랑은 어떨까?"

지금까지 현우가 내린 결정에 '하지 마', '안 돼'라는 두 분의 말씀을 들어 본 적이 없었다. 부모님은 단 한 번도 순종을 바라지 않았다. 그런데 단지 여자 친구를 사귄다고 해서 태도가 돌변한 엄마 아빠를 현우는 이해할 수 없었다.

"부모님은 이제 더 이상 저를 사랑하지 않으시는 걸까요?"

"그건 아니란다. 어머니의 사랑은 본질적으로 무조건적이야. 그건 명확한 사실이지. 그렇지만 한편으로는 '우리가 이렇게 아끼고 사랑하며 키워 왔는데, 어떻게 네가 우리한테 이럴 수 있어?' 하는 마음도 있지. 두 분에겐 너에 대한 애정을 보상받고 싶어 하는 심리가 복잡하게 얽혀 있다고 봐야지."

"자식을 키우는 건 부모로서 당연한 일이잖아요."

"너도 결혼해서 자식을 낳아 봐야 부모님 마음을 알 수 있을 거다. 꼭 너 같은 아이 낳아서 말이지. 하하."

"에이, 선생님, 저 정도면 훌륭한 아들이죠!"

"어이쿠, 이 녀석 봐라. 너희 엄마 아빠뿐만 아니라 대개 부모는 자기 자신의 문제를 자식에게 투사하곤 하지. 자신들의 실존적 문제를 자식의 문제에 투사하면서 '너를 사랑하기 때문에 하는 소리야.'라고 말한단다. 부모의 그런 태도가 자식 스스로 문제 해결 능력을 키우지 못하게 방해할 뿐인데도 말이야."

"부모와 자식 간의 사랑은 어쩔 수 없나 봐요. 저도 부모님에게서 벗어나기 힘들 거 같아요."

"부모, 형제자매라고 해서 애정 관계를 결정할 수 있다고 생각하는 건 전근대적인 사고방식이야. 합리적이고 근대적인 사고를 하려면 자식이라고 하는 관계 이전에 현우 너를 하나의 독립된 주체로 보고 존중해 주어야겠지. 부모는 자식의 자아가 분리된 이후에도 독립체로서 자식을 사랑할 수 있어야 해. 근대의 개인은 단순히 법률적인 주체나 경제 주체만을 의미하는 것이 아니라 바로 개인의 사적인 영역에서의 정서와 판단을 존중해 주는 것이었거든."

"선생님, 근데 우리나라는 그렇다고 보기 어렵잖아요? 저와 부모님과의 관계를 봐서도 그렇고요."

서양과는 달리 우리나라의 인간관계는 과거나 지금이나 여전히 관계 지향적인 측면이 강하다고 한다. 선생님은 자기처럼 개인주의적 자유주의자는 자칫 이기주의자로 몰리기 쉽다고 과장해서 울상을 지었다. 아주 사적인 영역인 사랑과 결혼까지도 개인의 문제라고 생각하지 않으니까.

"저희 집도 그렇지만, 드라마를 봐도 항상 남녀 연애의 가장 큰 적은 서로의 부모님이잖아요."

"하하, 그건 오랫동안 이어져 온 드라마의 단골 소재이기도 하지. 부모와 자식의 관계가 그런 식으로 형성되어 있다 보니 너무너무 복잡해. 관계의 지속성이 단순히 두 남녀의 관계에서만 결정되지 않는 현상이 그래서 나타나는 거야."

"휴우~. 엄마 아빠를 어떻게 설득해야 할지 모르겠어요."

"너희 부모님도 머리로는 이미 알고 계실 거야. 우리 현우가 벌써 여자 친구가 생길 나이가 됐고, 그것을 존중해 주어야 한다는 걸 말이야. 문제는 이성보다는 감정에 휘둘리시는 거지."

"저한테 실망하신 부분을 다른 것으로 채워 드리면 괜찮을까요?"

"그래, 그것도 하나의 방법일 수 있겠구나. 그리고 이건 선생님 생각인데, 너 스스로 부모님이 더 신뢰할 수 있는 사람이라는 걸 보여 드리는 것도 괜찮을 것 같다. 여자 친구를 사귀는 문제도 너에게 맡길 정도로 신뢰를 회복하는 거지. 일종의 우회로인 셈이긴 하지만."

엄마 아빠와의 신뢰가 한 번 깨졌으니, 앞으로의 일도 이것과 연관 지어 생각해 버리시는 건 아닐까. 어떻게 하면 엄마 아빠가 예전처럼 전적으로 믿어 주실까.

"잘 고민해 봐. 부모님으로부터 벗어나되 부모 '같은' 양심을 스스로 간직해야 성숙한 어른으로 자랄 수 있으니까. 네게 드리워진 부모님의 그늘을 스스로 걷어낼 수 있어야 한다."[12]

담임이 현우를 격려했다.

그래, 언젠가는 고백해야 될 일이었고, 이번 일을 계기로 부모님과의 갈등이 분명해져서 오히려 다행일지도 모른다. 이 상황을 피하지 말고 현명하게 해결해 나가자. 그러면 이전보다 부모님과의 관계도 더 나아지겠지? 물론 유진과의 관계도 마찬가지일 터이다. '그대가 필요하기 때문에 나는 그대를 사랑하는 게 아니라, 그대를 사랑하기 때문에 나에게는 그대가 필요하다.' 담임이 얘기한 성숙한 사랑을 이제 시작해 보는 거다.

현우의 마음은 사랑의 결기로 단단해지고 있었다.

2.

현우는 상담실을 나오면서 유진에게 문자를 보냈다.

'유진아, 오늘 학원 끝나고 잠깐 얘기할 시간 돼?'

'너무 늦지 않을까?'

'오래 걸리진 않을 거야. 너에게 할 얘기가 있어서 그래. 학원 앞 아이스크림 가게에서 만나자. 너 올 때까지 기다린다.'

'어…… . 알았어.'

또래가 많이 드나드는 장소에서 만나자고 한 제안을 유진이 허락하다니! 둘의 교제 사실을 오픈하지 않기로 했었는데, 노출되기 쉬운 장소에서 만나자는 제안을 유진이 이렇게 쉽게 받아들일 거라고는 생각을 못했다. 내가 너무 강하게 얘기해서 마지못해 허락했나?

"유진아, 난 녹차 아이스크림 먹을래. 넌?"

"응, 나는 체리 아이스크림."

"내가 좋아하는 거 말고 너 먹고 싶은 걸로 골라."

"아니야, 너 기분 안 좋은 거 같아서……. 같이 먹으면 돼."

아이스크림을 사이에 두고 현우는 유진의 눈을 지그시 쳐다보았다.

"왜 그래? 내 얼굴에 뭐라도 묻었어?"

"아냐, 그냥 예뻐서."

"뭐야, 너~. 빈말인지 알지만 그래도 기분은 좋네."

유진이 아이스크림을 한 스푼 떠서 현우의 입으로 가져갔다.

"유진아, 사실은 말이야."

"응? 뭔데 그래? 심각한 거야?"

"아냐, 그런 거. 우리 기말고사 같이 준비할래? 독서실 한 달 끊어서 말이야."

"그래, 네가 제안한 거니까 한번 생각해 볼게."

"독서실이 생각보다 집중도 잘되고 좋더라. 이번에 우리 성적 조금이라도 올려 보자."

"갑자기 그게 무슨 말이야? 나 때문에 공부 방해되는 거야?"

"아냐, 전혀 그런 거. 네가 있어서 더 열심히 공부하려고 그러는 거야. 더 멋진 남자 친구가 되려고."

현우가 소리를 내며 멋쩍게 웃었다.

"정말이지? 알겠어, 당연히 그렇게 할게. 우리 같이 열심히 해 보자."

유진이 수줍게 미소 지었다.

"근데, 현우야. 우리 이런 데서 봐도 되는 거야? 우리 반 애들이 많이 오는 곳이잖아."

유진이 그렇게 물어 올 줄 알았다. 유진은 아이들의 가십거리가 되고 싶어 하지 않았다. 부모님 얘기가 아이들 입에 오르내리진 않을까 언제나 신경을 썼고, 현우와의 관계가 알려지는 건 더더욱 원치 않았다.

"내가 생각해 봤는데, 우리가 나쁜 짓 한 건 아니잖아? 애들이 뭐라고 한다고 해서 신경 쓸 필요가 있나 싶어. 네가 걱정하는 건 알지만, 우리만 떳떳하면 되지 않을까? 난 너랑 사귀는 거 얼마나 자랑스러운데! 정말이야."

유진은 알 듯 모를 듯 애매한 표정을 지어 보였다.

"자, 그럼 우리 독서실 알아보러 갈까? 여기 길모퉁이 돌아서 시장으로 가는 쪽에 독서실 새로 열었대. 시설도 좋고 조용하대."

"그래……."

현우는 주춤하는 유진의 손을 잡고 아이스크림 가게를 나왔다. 그런데 길모퉁이를 돌자마자 팔짱을 낀 부모님과 정면으로 마주치고 말았다. 순간, 현우의 등줄기에서 땀이 쭉 흘러내렸다.

"아, 엄마 아빠 어디 가세요?"

현우는 애써 태연한 척 말을 걸었지만, 얼굴은 이미 벌겋게 달아올랐다. 왜 평소처럼 이야기하지 못했을까. 후회해 봤자 이미 소용없었다.

"참, 유진아. 인사해, 우리 엄마 아빠야."

현우 입에서 자연스럽게 그 말이 흘러나왔다. 아직 인사할 준비가 안 된 유진과 부모님은 당황스러워 어쩔 줄 몰랐다. 이제 어떡하지? 제발 생각해 내, 제발! 현우가 머리를 쥐어뜯는 사이, 유진이 먼저 부모님께 공손하게 인사를 드렸다.

"안녕하세요. 저는 현우 친구, 이유진이라고 합니다."

"어, 그래. 네가 유진이구나. 네 얘기는 현우한테 많이 들었다. 언제 한번 우리 집에 놀러 오렴."

아빠가 약간 어색한 표정을 지으며 대답했다. 그 틈을 타 엄마가 현우와 유진이 잡은 손을 매섭게 노려봤다. 엄마, 제발 그러지 마시라고요!

"둘이 어디 가는 거니?"

엄마가 무표정한 얼굴로 물었다.

"어, 엄마! 저희 독서실 끊으려고요. 기말고사 준비 부지런히 해서 성적 올릴 거예요. 오디션 준비도 더 열심히 할 거고요."

현우는 그제야 상황 파악을 제대로 했다. 그리고 부모님 앞에서 스스로도 놀라울 정도로 당당하게 말했다. 유진에게 당황한 모습을 보인 걸 만회하고 싶었다.

"그래, 잘 알아보고 늦지 않게 들어와. 자세한 건 집에 와서 다시 얘기하자."

"네, 독서실 등록만 하고 일찍 들어갈게요."

엄마 아빠는 놀란 기색이었지만, 이내 평정심을 찾고 집으로 향했다.

"휴우, 다행이다."

현우는 혼잣말을 하며 유진을 슬쩍 쳐다보았다. 유진도 긴장이 풀렸는지 안도의 한숨을 내쉬었다. 둘이 잡은 손엔 땀이 흥건했다.

"나 너무 깜짝 놀랐어. 너희 부모님과 이렇게 마주칠 줄은 정말 생각도 못했어. 그래도 네가 당당히 말해 줘서 고마웠어."

"뭘, 네가 먼저 우리 부모님한테 예의 바르게 인사했잖아. 그때 정신이 바짝 들었지. 나 생각보다 강한 남자야. 내 여자 친구 정도는 어떤 상황에 부딪히더라도 지킬 수 있다고. 난 유진바라기니까."

현우는 놀란 가슴을 쓸어내리면서 유진에게 너스레를 떨었다.

"느끼하게 왜 그래. 그래도 오늘 최고로 멋져 보였어."

유진의 말에 둘은 즐거운 웃음을 터뜨렸다.

현우와 유진은 독서실 등록을 마치고 함께 집으로 향했다. 현우는 유진을 집까지 데려다 주고, 약간 긴장된 마음으로 자신의 집으로 향했다. 아까는 자신 있게 말했지만 부모님이 어떻게 받아들이셨을까. 현관문을 열고 들어가니 엄마 아빠가 기다렸다는 듯 현우를 쳐다보았다.

"약속한 대로 늦지 않게 들어왔구나. 이리 와서 얘기 좀 할까?"

"네."

아빠의 말에 현우는 짧게 대답했다.

"너 정말 어쩌려고 그래? 엄마 아빠 말은 안중에도 없고. 그 애하고 정말 독서실 같이 다닐 거야?"

엄마가 다짜고짜 물었다.

"네."

현우는 너무 화가 나서 퉁명스럽게 말했다.

"이 녀석, 안 되겠네."

"아빠, 왜 아빠는 되면서 저는 안 되는지 모르겠어요. 엄마랑 아빠는 중3 때부터 사귀셨다면서요? 할아버지 할머니한테 맞으면서도 사귀었다고 말씀하셨잖아요."

"그래, 그건 사실이야. 그런데 우리가 부모가 되어 보니 할머니 할아버지가 왜 그러셨는지 그 심정이 이해가 가. 그래서 네가 더 걱정되는 거야."

"그럼, 제가 두 분 맘에 드는 여자 친구를 사귀면 해결되는 문젠가요? 그건 아니잖아요."

현우는 지지 않고 맞섰다.

"그래서 앞으로 어떻게 할 거냐? 우선 네 얘기부터 들어 보자."

그래, 이런 때일수록 이성적으로 말씀드려야 해. 현우는 호흡을 가다듬고 또박또박 이야기를 시작했다.

"전 엄마 아빠를 진심으로 존경해요. 제 앞에서 싸우는 모습 한 번 보여 주시지 않고, 늘 따뜻하고 평화로운 가정에서 키워 주신 것 감사드려요. 엄마 아빠처럼 멋진 가정을 꾸리는 게 사회적 성공보다 더 만족스러운 삶이 아닐까 하는 생각도 들어요. 앞으로 저와 여자 친구는 어떻게 될지 모르지만, 오랫동안 좋은 관계로 남을 수 있을 거라고 전 믿어요. 공부도 열심히 하고, 좀 더 나은 미래를 위해서 고민하고 가족 내에서 맡겨진 것도 잘해 내자고 약속했거든요. 그리고 꼭 그렇게 할 거예요."

현우의 얘기가 끝난 후 잠시 침묵이 흘렀다.

"녀석, 유진이가 그렇게 좋으냐? 앞으로 어떻게 할지 무척 고민한 흔적이 보이는구나. 아빠도 네게 과했다는 거 인정한다."

아빠의 의외의 반응에 현우는 놀라지 않을 수 없었다. 아빠가 그렇게 말씀하시자 엄마도 마지못해 유진과의 교제를 허락했다. 그러고 나서 자신의 솔직한 심정을 털어놓았다.

"넌 이제 겨우 고등학교 2학년이잖아. 엄마는 네가 밴드보다는 대학 입시 준비에 집중해야 할 때라고 생각하고 있었어. 음악으로 성공한다는 게 얼마나 힘든 길인지 너도 잘 알잖아. 그런데 여자 친구까지 사귄다고 하니 실망이 이만저만 아니었어."

현우는 아무 말 없이 엄마의 말을 듣고 있었다.

"네가 공부에 신경 쓰겠다고는 하지만, 사실 여자 친구 사귀면서 성적 관리하는 거 말처럼 쉽지 않을 거야. 이성 교제하면서 성적 올랐다는 애들 엄마는 들어 본 적이 없어, 정말."

"여보, 당신 맘은 잘 알지만 현우를 믿어 보기로 합시다. 나랑 그렇게 하기로 했잖아요."

"네, 엄마 아빠가 걱정하시는 게 뭔지 알아요. 여름방학에 오디션 나가서 입상 못하면 밴드 하는 거 진지하게 다시 생각해 볼게요. 그리고 여자 친구 만난다고 성적 떨어지거나 하지 않을 거예요. 기말고사 성적은 5프로 향상을 목표로 할게요."

"정말이냐? 자신 있어?"

아빠가 확인하듯이 물었다.

"네, 아빠. 걱정하지 마세요. 요즘 악상이 마구 떠오른다니까요. 게다가 유진이 엄청 똑똑해요. 같이 공부하니까 시간 가는 줄 모르겠더라고요."

현우는 분위기를 누그러뜨리려고 무던히 애를 썼다.

"어이쿠, 이젠 우리 아들이 엄마 바보에서 여자 친구 바보가 됐네."

"그러니까 엄마 아빠, 우연히 유진이 만나면 반가운 척 좀 해 주세요. 네에?"

"녀석이 정말, 알겠어. 네 얘기가 진심인 거 이제 우리도 알았으니, 걱정 말고. 네가 한 약속이나 잘 지켜. 지켜볼 거야!"

"감사합니다. 기말고사 성적 기대하세요!"

현우는 자신의 방으로 들어와 안도의 한숨을 내쉬었다. 엄마 아빠와 싸운 것도 아닌데, 이상하게 묘한 승리감에 도취되었다. 현우는 유진에게 문자를 보냈다.

'유진아, 우리 기말고사 준비 열심히 하자. 밴드 연습은 더 열심히 하고. 네가 있어서 난 모든 걸 열심히 하고 싶어졌어. 고마워. ^^'

'걱정 마. 내가 많이 도와줄게. 현우야, 우리 최선을 다하자. 나도 우리 부모님께 더 나은 모습을 보여 주고 싶어. 그러면 나도 부모님께 힘이 될 수 있겠지? 많이 고마워. 사랑해. ♥'

유진이 보낸 하트가 어느 때보다 따뜻하게 느껴졌다.

[11] 프롬이 말하는 신경증성 양상의 사랑 중 하나가 현우의 엄마 아빠가 현우에게 투사하는 소망과 관련된다. 보통 부모는 자기 자신의 문제를 자식에게 투사한다. 불행한 결혼을 정리하지 않으면서 가정의 울타리를 형식적으로 유지하는 경우도 자식이 부모의 투사의 목적에 이용되는 경우라고 프롬은 지적한다. – 《사랑의 기술》 3장

[12] 프롬은 모성의 원칙은 무조건적이고 부성의 원칙은 조건적이라고 보았다. 성숙한 사람은 밖의 어머니와 아버지로부터 해방되어 자신이 어머니가 되고 동시에 아버지가 되어야 한다고 말한다. 이러한 종합이 정신적 건강과 성숙의 조건이다. – 《사랑의 기술》 2장

5

뜻하지 않은
이별

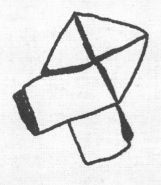

1.

다음 날 저녁 현우는 연습실로 준석과 민준, 유진과 한나를 불렀다.

"무슨 중요한 얘기가 있어서 다 모이라고 한 거야? 짜샤."

준석이 현우의 목덜미를 세게 잡아챘다.

"아니, 중요한 건 아니고……. 우선은 말이야."

"무슨 얘긴데?"

친구들의 시선이 모두 현우 입으로 향했다.

"하나는 여름방학에 나가는 오디션 준비에 대한 거야. 일단 기말고사 전까지는 금요일 저녁에 모여서 한 시간씩 같이 연습하고, 평일엔 각자 틈틈이 연습곡 알아서 마스터 하자. 그리고 방학하면 매일 하루 종일 연습하는 걸로."

"기말고사 때문에 다들 맘이 급하긴 하지만, 그래도 금요일 연습은 두세 시간은 해야 하지 않을까?"

민준의 말에 준석이 고개를 끄덕였다.

"그러게. 한 시간 연습은 너무 적다."

"그럴까? 그럼 시간을 좀 더 늘려 보자. 나도 이번 오디션 잘 치러야 돼. 엄마 아빠한테 음악 하는 이유를 확실히 보여 줘야 하거든. 엄마가 지켜본댔어."

"헐, 그래? 걱정 마. 우리 실력 봐 줄 만은 하잖아?"

"이 정도론 어림도 없어. 특히, 너 앞으로 연습 빠지면 안 봐줄 거야."

현우가 민준의 등을 툭툭 치며 얘기했다.

"걱정 마. 대신 방학 시작하자마자 특별 연습 들어가면 되잖아. 베이스캠프는 여기 연습실로 하고, 엠티 가서 합숙도 하고 야외 공연도 하고 어때?"

"그건 아직 중요한 게 아니니까, 담에 얘기하고 또 할 말이 있는 거야?"

준석이 학원에 가야 한다며 재촉했다.

"어, 그건······."

"왜 무슨 일인데 뜸을 들이고 이러실까?"

민준이 장난치듯 말했다.

"어, 그게 있잖아."

현우가 수줍은 듯 머뭇거렸다.

"너희 놀라지 마라. 나랑 유진이랑 우리 둘이 사귀기로 했어."

현우의 말에 모두들 유진의 얼굴을 쳐다보았다. 사실 어제 현우는 유진과의 교제를 허락받아 친구들 앞에서 유진에게 깜짝 고백을 하기로 결심했었다. 여자애들은 이런 이벤트를 좋아하니까, 유진도 무척 기뻐하겠지. 하지만 유진은 당황한 기색이 역력했다.

"둘이 좀 수상쩍다 했더니 그렇게 된 거였어!"

준석이 현우와 유진을 번갈아 쳐다보며 놀렸다.

"너희 뭐냐. 밴드 내에서 커플이라니, 프로답지 않은 거 아냐? 만약 너희 잘 안 되면 우리 해체될 수도 있는 거잖아? 안 그래? 실제로도 그런 밴드 여럿 봤고. 근데 유진인 왜 아무 말도 안 해? 너희 진짜로 사귀는 거 맞아? 참고로 난 수학여행 가서 여자 친구하고 싸우고 헤어졌음."

'어? 모두들 축하해 줄 거라고 생각했는데, 어째 분위기가 이상하게 흘러가네.'

민준이 불쾌한 어투로 말해 현우는 잠시 숨을 골랐다. 그때 굳어진 얼굴의 유진이 잠깐 바람을 쐬고 오겠다며 밖으로 나갔다. 현우는 유진을 쫓아가야 할지 친구들과 좀 더 얘기를 해야 할지 갈팡질팡했다.

"현우야, 유진이 화난 거 같은데 어떡할 거야?"

한나가 더 속상한 듯이 말했다.

"민준아, 너 그렇게 말하면 어떻게 해?"

준석이 민준을 나무랐다.

"야, 내가 틀린 말 한 건 아니잖아? 다 우리 밴드를 위해서 하는 소리야."

민준도 물러서지 않았다.

"너 혹시 여자 친구랑 헤어져서 그래? 지금 현우랑 유진이 질투 하는 거야?"

"야, 박준석, 너 말 함부로 할래?"

"왜들 그래? 이건 민준이는 물론 다른 멤버가 충분히 걱정할 수 있는 문제라고 생각해. 가능성이 있는 얘기지만, 두 사람은 그렇지 않을 거야. 우리 모두 현우와 유진을 신뢰하잖아. 둘이 사귀는 거 진 심으로 축하할 일이고, 팀을 위험에 빠뜨릴 수 있다는 그런 불투명한 예측 때문에 비난받거나 거부감을 가질 이유는 없다고 봐, 나는."

한나가 격앙된 분위기를 가라앉히려고 노력했다.

"얘들아, 내가 책임지고 우리 팀 잘 유지해 나갈 수 있도록 노력 할게. 우리 둘이 해가 되는 일은 절대로 없을 거야. 우릴 좀 더 믿어 줘. 지금으로서는 이 말밖에 할 수 없다."

현우가 애써 담담하게 말했다.

"그래, 현우야. 팀을 위해서나 너희 두 사람을 위해서도 네가 잘 해야 할 거야."

잠깐의 분쟁은 멀찌감치 달아났고, 친구들은 한목소리로 현우를 위로했다.

"고마워, 너희 얘기 잘 새겨들을게. 실은 나도 너희한테 그런 걱정을 끼칠까 봐 마음에 좀 걸렸는데, 그래도 축하받고 싶었어. 또 이게 남자다운 거라고 생각했어. 물론 유진이도 좋아할 줄 알았고. 근데 너무 내 생각에만 빠져 있었나 봐. 난 이만 유진이 찾으러 가 봐야겠다."

"아니야, 현우야. 우리가 갔다 올게. 딱 보니 너 유진이한테 상의 안 하고 터뜨린 거 같던데, 지금 만나면 싸울지도 몰라. 야, 김민준! 너도 책임이 있으니까 나랑 같이 가."

한나가 민준이를 잡아끌고 밖으로 나갔다.

"현우야, 너무 걱정하지 마. 뭐, 이 정도 다툼이야 어느 밴드에나 있는 거고, 사랑도 마찬가지 아니겠냐? 민준이 녀석, 사실 좀 문제가 있었던 거 같더라. 내가 아는 애가 그러는데, 민준이 여자 친구가 비싼 메이커만 좋아하고 연예인만 엄청 쫓아다녔대. 그 여자애는 자기가 원하는 걸 다 사 줄 만한 애만 사귀었다고 하더라. 그러다가 민준이 이용하는 거 아니냐는 얘기가 들리니까, 걔가 먼저 정리하자고 했나 봐. 민준이 녀석이 차인 셈이지. 안됐지만 차라리 그 편이 나은 거 아니냐? 그러니까 네가 민준이 좀 이해해 줘."

"그렇게 된 거였구나. 자존심 강한 녀석이 속 많이 상했겠다."

"그런데 재밌는 건 민준이가 나한테 그러더라. 자기가 걔를 정말 좋아했던 건지 잘 모르겠다고."

"사실 우리도 다를 바 없지, 뭐. 자기가 정말 좋아하는 게 뭔지도 모르고, 텔레비전이나 인터넷 보면서 뭐든 따라 하기 바쁘고. 음악도 마찬가지 같아. 대형 기획사에서는 상품 그 이상도 이하도 아닌 음악만 만들어 내잖아. 진짜로 음악을 하려고 하는 건지 다른 사람에게 잘 보이려고 하는 건지 모르겠다."

현우가 심각한 표정으로 준석을 바라보았다.

"야, 우린 그런 거에 굴하지 말고 우리만의 색깔을 내자. 그래야 진정한 뮤지션으로 거듭나는 거 아니겠어?"

"그래야지! 이번 오디션 끝내주게 준비하자. 그러면서 차츰 내공을 쌓는 거지."

"근데 얘기가 어쩌다가 여기까지 온 거지?"

현우와 준석은 멋쩍은 듯 웃으며 머리를 긁적였다. 준석은 이만 학원에 가야 한다며 일어섰다. 모두가 떠나고 혼자가 된 현우는 생각이 많아졌다. 오로지 음악에 대한 관심과 열정으로 모여 함께 밴드를 만든 친구들이다. 같은 관심사를 가졌다는 것만으로도 기쁜 일인데, 자신의 일을 함께 걱정해 주니 내심 친구들이 고마웠다.

'이제 유진이 화만 풀면 되는데……. 역시 내가 너무 일방적이었나.'

현우는 점점 걱정되기 시작했다. 용기를 내서 유진에게 전화를 걸었지만, 계속 통화 중이었다.

'유진아. 통화 끝나면 문자 줘. 부탁이야.'

그런데 한참을 기다려도 유진에게 답장이 없었다. 다시 전화를 걸었지만, 전화기가 꺼져 있다는 멘트만 반복해서 울렸다. 배터리가 나간 건가? 이런저런 생각을 하다가 아까 유진을 찾으러 나간 한나에게 전화를 했다.

"한나야, 혹시 유진이 만났니?"

"아니, 우리도 못 만났어. 우린 너랑 같이 있는 줄 알았는데, 아니야?"

"응, 아니야. 지금 전화기도 꺼져 있어. 무슨 일 있는 건 아니겠지……."

"걱정 마. 아까 점심시간에 유진이가 그랬는데, 오늘 저녁에 엄마가 빨리 들어오라고 해서 일찍 들어가 봐야 한다고 했거든. 아마 집에 갔을 거야."

"그래? 그렇다면 다행인데……. 알았어, 고마워 한나야."

"뭘 이런 걸 가지고 그래. 유진이 섬세하잖아. 네가 잘 챙겨 줘."

"응, 그래그래."

한나의 얘기를 듣고 현우는 그제야 긴장된 마음을 풀 수 있었다. 현우는 한결 편해진 마음으로 독서실로 향했다. 부모님과의 약속을 지키는 것도 중요했지만, 유진한테도 잘 보이려면 공부를 열심히 해야 한다고 생각했다. 현우는 새벽 1시가 다 되어 집으로 갔다. 매일같이 걷던 길을 혼자 가려니 유진 생각이 간절했다.

'유진아, 지금쯤이면 곤히 자고 있겠구나. 네가 아까 그렇게 나가서 얼마나 신경 쓰였는지 몰라. 집에 갔으면 문자라도 한 통 보내 주지, 얄밉다. 잘 자고 낼 학교에서 보자. 민준이 얘긴 너무 신경 쓰지 마. ^^'

그 시각 유진은 깨어 있었다. 문자 도착 음이 울렸지만, 유진은 끝내 휴대 전화를 확인하지 않았다.

2.

이튿날, 현우는 아침 일찍 학교에 갔다. 유진은 웬일로 늦잠을 잤는지 첫 수업 직전에야 교실로 들어왔다. 늘 그렇듯 반갑게 눈인사를 하려고 했는데, 유진이 시선을 피했다. 뭔가 예감이 안 좋았다. 1교시가 끝나고 쉬는 시간에 유진에게 말을 걸었다.

"유진아, 어제 잘 들어갔어?"

"……."

유진은 아무 말도 하지 않았다. 차가운 눈은 현우가 아닌 허공을 향했다. 내가 뭘 잘못한 거야? 아직도 민준이 얘기에 화가 났나? 아니면 집에 무슨 일이 있었나? 아빠가 갑작스럽게 돌아오신 걸까? 현우는 온갖 추측을 다 해 보았다.

"왜, 말이 없어? 유진아……."

"학교 끝나고 얘기하자."

유진이 워낙 짧고 단호하게 말했기 때문에 현우는 더 이상 말을 잇지 못했다. 이런 일이 없었는데 갑자기 유진이 대화조차 거부하니 답답하기 그지없었다. 현우는 하루 종일 유진을 지켜보며, 그 애 마음 상태가 어떤지 전전긍긍했다. 당연히 공부가 될 리가 없었다. 도저히 참을 수가 없어, 현우는 5교시 사회 시간에 유진에게 쪽지를 써 보내기로 했다. 학교에서 제일 깐깐하기로 소문난 사회 선생님이었지만, 지금 그걸 따질 때가 아니었다. 현우에겐 냉랭한 유진과의 관계를 해결하는 게 급선무였다. 현우는 사회 교과서를 펼쳐 놓고 필기하는 척 쪽지를 쓰기 시작했다.

'유진아, 밴드 친구들 때문에 화난 거야? 혹시 내가 잘못한 게 있다면 말해 줘. 전부 고칠게. 네가 학교 마치고 얘기하자고 해서 너무 답답하지만, 기다릴게. 미안해.'

"거기 차현우, 동작 그만."

현우는 순간 당황했다. 사회 선생님은 어느새 현우 옆으로 와 손을 내밀었다.

"끼적이던 거 이리 줘 봐. 그대는 수업 시간에 뭘 하고 있을까? 어서! 선생님이 정중히 요청할게."

현우가 무어라 대꾸하기도 전에 사회 선생님은 잽싸게 쪽지를 잡아챘다.

"○○야, 혹시 내가 잘못한 게 있다면 말해 줘. 전부 고칠게."

사회 선생님은 친구들 앞에서 현우의 쪽지를 천천히 읽어 내려 갔다. 순간, 현우는 얼굴은 물론 귀까지 빨개졌다. 유진이 볼 낯이 없어 고개가 절로 숙여졌다. 굳이 현우가 돌아보지 않아도 유진의 얼굴은 이미 흙빛이었다.

　"와, 대박! 누군지 밝혀라, 밝혀라!"

　아이들의 시끌벅적한 소리로 교실은 일순간 아수라장이 되었다.

　"다들 조용히 해! 현우의 프라이버시는 이쯤에서 지켜 주기로 하자. 차현우, 여기까지 수업 시간에 딴짓한 벌이야. 자, 다시 집중."

　"우우~."

　아이들의 야유 소리가 이어졌다. 눈치 빠른 애들은 분명히 유진과 현우의 표정을 보고 두 사람의 관계를 짐작하고도 남았을 터이다. 선생님에 대한 화가 끓어오르면서도 계속해서 유진을 살폈다. 유진은 고개를 푹 숙인 채, 바들바들 떨고 있었다. 현우의 심정은 처참했다. 유진에게 다가가고 싶었지만, 유진의 표정이 그것을 허락하지 않았다. 수업을 다 마치고 나서야 현우는 유진에게 다가갔다.

　"유진아, 우리 얘기 좀 하자."

　"나 집에 가야 돼. 오늘은 좀 힘들 것 같아."

　"그러지 말고, 얘기해서 풀자. 응, 유진아?"

　"우리 둘 다 생각해 보자. 뭐가 문제인지, 오늘은 먼저 갈게."

　유진은 그렇게 말하고 뒤도 돌아보지 않고 가 버렸다. 한시라도 빨리 유진과 얘기를 하는 게 제일 중요한 일 같았다. 어떻게 해야 하나……. 현우는 빈 교실에 한참을 앉아 있었다. 유진도 생각할 시간이 필요하겠지. 그러면 화도 좀 가라앉을 것이고, 평정심도 되찾을 것이다. 곧 다시 나에게 연락하겠지. 그렇게 깜깜한 밤이 찾아오고 있었다.

며칠이 지나도록 유진은 소식이 없었다. 오늘도 잠들기 전까지 유진에게 연락하고 싶은 마음을 꾹 참았다. 그러면서도 혹시나 문자라도 오지 않을까 휴대 전화를 계속 만지작거렸다. 내일도 유진이 모른 척하면 정말 가슴 아플 것이다. 현우는 유진을 짝사랑할 때보다 더 애가 탔다. 더 이상은 참을 수 없었다. 현우는 침대에서 벌떡 일어나 유진에게 문자를 보냈다.

'유진아, 먼저 미안하다는 말부터 할게. 일이 그렇게 꼬일지 정말 몰랐어. 제발 얘기 좀 하자. 응?'

'이제 그만 예전의 너로 돌아와 줘. 부탁이야, 제발.'

'내가 어떻게 하면 네가 만나 줄까? 응, 한마디라도 좀 해.'

현우는 답답한 마음에 계속 문자를 했지만, 유진은 답이 없었다. 아무리 그래도 어떻게 이럴 수가 있지? 이렇게 부탁하고 애원하는데, 유진은 들은 척도 안 하잖아. 현우가 머리를 부여잡고 있을 때 휴대 전화가 울렸다.

'현우야, 우리는 여기까지인 것 같다. 그동안 고마웠어.'

'무슨 얘기야? 유진아???'

말하지 않은
이별

5

'앞으로 연락하지 말아 줘. 부탁이야.'

지금 유진이 헤어지자는 말을 하는 거야? 현우는 1초가 급했다. 유진에게 바로 전화를 걸었으나 유진의 휴대 전화는 꺼져 있었다. 정말 이해가 가지 않았다. 사회 시간에 있었던 일이 유진에게 돌이킬 수 없는 상처를 준 것일까? 우리 둘이 얘기를 해서 풀 수 없는 문제였던가? 현우가 계속해서 연락을 해도 유진의 휴대 전화는 울리지 않았다. 몸에서 힘이 다 빠져나가는 듯했다. 머리가 순식간에 멍해졌다. 공황 상태 그 자체였다. 그대로 현우는 옷을 주섬주섬 주워 입고 밖으로 향했다. 새벽 2시가 넘은 시간이었다. 6월의 하늘과 더운 바람 그리고 유진의 방에서 흘러나오는 불빛. 모두가 잠든 시간, 오직 현우 혼자만이 적막하게 깨어 있는 것만 같았다. 정말 헤어지자는 것일까? 유진의 이별 선언이 믿기지 않았다. 아니 믿을 수 없었다.

여전히 현우 머릿속은 온통 유진으로 가득 차 있고, 지금도 저 불빛 속에서 유진이 나오지 않을까 하는 기대감이 차올랐다. 동시에 슬프고 가슴이 아팠다. 현우는 그네에 올라 한참을 멍하니 앉아 있었다. 가슴속에 복잡한 감정이 하나하나 떠올랐다. 절망, 고독, 분노, 거부, 회상, 미련, 집착, 동경, 뜨거움이 뒤섞이며 춤을 추고 있었다. 아무리 생각해도 현우의 결론은 단 한 가지였다.

'다시 유진을 되찾아야 해.'

현우의 무겁고 어두운 밤은 그렇게 지나가고 있었다.

학교에서만 볼 수 있는 유진은 더없이 차가웠다. 의식적으로 현우의 눈길을 피하고 있었다. 말을 걸어 봤자 별 소용없다는 것을 현우는 직감적으로 알았다. 현우는 매일매일 긴 고통으로 시간을 보냈다. 아무것도 할 수 없는 무력감이 온통 현우를 지배했다. 현우는 점심도 거르고 저녁도 먹지 않았다. 저녁엔 학원도 독서실도 가지 않았다. 부모님께는 아프다는 핑계를 대고 방에 혼자 누워 있었다.

현우는 머릿속이 복잡했다. 유진과의 관계를 회복하는 것도 문제지만, 혹시나 유진이 보컬까지 안 하겠다고 하면 문제가 더 심각해질 수 있기 때문이다. 만약 그렇게 된다면 민준이가 비난했던 사태가 발생할 것이고, 오디션 참가가 힘들어질 수도 있다. 여름방학은 점점 가까워 오는데, 아 어쩌지…….

현우는 유진을 향한 사랑과 그 사랑에서 오는 고독에 몸을 떨었다. 오직 유진을 위해 만든 노래를 책상 위에 펼쳤다. 홍대에서 유진을 바라보며 이 노래를 불렀을 때 정말 심장이 터지는 줄 알았다. 그때 유진이 행복해하던 얼굴이 떠오른다. 그리고 유진이 연습실에 찾아온 첫날, 수줍게 노래 부르던 모습도 기억해 냈다.

아, 이 모든 것이 한순간의 꿈이란 말인가? 아니야, 이대로 끝은 아닐 거야. 하느님, 제발 유진의 마음이 돌아오게 해 주세요. 현우는 하루 종일 피곤했던 몸과 마음을 침대에 던져두었다. 그러고는 어느새 깊은 잠에 빠져들었다.

3.

여전히 상황은 아무것도 변하지 않았다. 독서실에서도 유진을 찾아보았지만, 그 애가 왔다 간 흔적은 어디서도 확인할 수 없었다. 자연스럽게 금요일 밴드 연습은 무산되었고, 밴드 멤버들과의 관계도 소원해졌다. 현우는 머리가 아팠고 몸이 여기저기 쑤셨다. 뭘 먹고 싶지도 뭘 하고 싶지도 않았다. 학교도 가기 싫었지만, 부모님 때문에 그러지 못했다.

담임이 눈치를 챘는지 상담실로 현우를 호출했다.

"현우야, 너 요즘 기운 없어 보인다. 왜 그래? 여자 친구랑 잘돼 가는 거 아니었어?"

"선생님, 그 애가 헤어지자고 했어요. 여러 가지 일이 있긴 했는데, 정확히는 잘 모르겠어요. 짐작 가는 건 있지만, 확실히 그것 때문에 그런 건지는……."

"무슨 일이 있긴 있었구나."

"네, 아마도 시작은 그 일 때문에 그런 것 같아요. 밴드 멤버들한 테 저희가 사귄다고 얘기했거든요."

"그래? 유진이랑 서로 합의해서 얘기한 거니?"

"아뇨, 서로 합의한 것은 아니고 저는 유진이 충분히 좋아할 거 라 생각하고……. 계속 숨기는 것도 이상하고. 그래서 깜짝 놀라게 해 주고 싶어서 친구들 앞에서 고백한 거예요. 그게 남자답고 멋진 거라고 생각했어요."

"하하하, 이 녀석. 남자다운 걸 넘어서 마초적이군!"

"네?"

"네가 상당히 남성 지배적인 사고와 행동 패턴을 보여 주고 있단 얘기야. 둘이 서로 사랑하는 걸 제삼자에게 공개하는 일을 한 사람 이 일방적으로 결정할 수 있을까?"

아……, 역시 그거였구나. 실제로 서로 공개할 마음의 준비가 충 분히 됐더라도 다시 한 번 확인을 거쳐야 했을 일이었다. 현우의 의 지와는 상관없이 유진이 일방적으로 공개했다면 현우 기분도 당연히 나빴을 터이다. 당연히 유진이 좋아할 것이고 그렇지 않더라도 현우 를 좋아하니까 크게 문제 삼지 않을 거라고 생각했던 게 잘못이었다. 그래, 순전히 자기중심적인 생각이었다. 현우는 비로소 자신의 실수 를 명확히 깨달았다.

"선생님이 봤을 때 현우는 자아도취적인 감정에 빠져서 여자 친구 생각을 전혀 하지 않았던 것 같아.[13] 그렇게 친구들에게 연애 사실을 공개한다는 건 너의 소유와 지배에 대한 일종의 승인을 받고 싶은 욕망, 과시의 욕망이 숨겨져 있지 않았을까?"

선생님은 상대방의 동의 없는 공개는 바로 그런 욕구의 표현이고 유진의 입장에서는 존중받거나 존경받는다는 생각을 전혀 못했을 거라고 했다. 선생님 말씀이 맞다. 현우의 생각이 거기까지 미치지 못한 것은 사실이다. 그러나 존중이나 존경은 어른을 대할 때 더 적합한 거 아닌가? 현우의 의문에 선생님은 사랑에서 존경이란 어떤 사람을 있는 그대로 보고 그의 독특한 개성을 아는 능력이고, 다른 사람이 그 나름대로 성장하고 발달하기를 바라는 관심이라는 설명을 덧붙였다. 한 사람을 사랑한다는 것은 그 사람을 하나의 인간으로 수용하고 사랑한다는 것만이 아니라, 그 사람의 자유 영역도 존중하고 자유 선택도 기꺼이 보장한다는 뜻이라고. 그런데 사귀는 것을 일방적으로 공개해 버렸으니 현우는 유진의 자유까지도 강제한 셈이다.

"그렇다고 죽을죄를 지은 것처럼 그런 표정 하지 말고. 앞으로가 중요해. 잘해서 여자 친구한테 점수 좀 팍팍 따고."

현우의 마음을 알아차린 듯 담임이 장난스럽게 위로했다. 현우는 유진에게 자신의 잘못을 정중하게 사과하고 싶었다. 그리고 그 애를 존중하고 있다는 걸 보여 줄 것이다. 그렇게 생각하니 마음이 급해졌다.

"우선은 상대방이 용서할 때까지 인내하며 기다려야겠지? 화해와 용서는 강요하거나 간청해서 될 문제가 아니거든."

"네. 그렇겠죠."

현우는 풀이 죽어 대답했다.

"이번엔 선생님이 한 가지 물어볼게. 현우는 너 자신을 사랑하니?"

"네? 네, 그럼요. 저는 제 자신을 소중하게 생각해요."

"그래? 그럼 이기적인 것과 자신을 사랑하는 것의 차이를 알고 있니?"

"음……, 글쎄요. 자기를 많이 사랑하면 이기적인 사람이 되나요?"

"이기적이라는 건 자아도취적인 것이고 보상을 받으려고 하는 걸 가리키지. 이기적인 사람은 자기도 사랑하지 못하고 타인도 사랑하지 못한단다. 그런데 이기적인 사람은 그것을 자기애(自己愛)로 착각해. 사랑한다는 건 그리 쉬운 게 아니란다. 앞서 얘기했듯이 사랑은 감정의 교환만을 얘기하는 게 아니니까. 그 이상이니 쉽지 않은 거지."

"정말 그런 것 같아요 선생님, 너무 어려워요. 그렇다고 사랑을 안 하고 살 순 없잖아요. 선생님처럼, 흐흐."

마음을 써 준 담임 덕분에 현우는 농담까지 건넬 정도로 기분이 나아졌다.

"녀석, 선생님이 언제 사랑을 안 해 봤다고 했니? 결혼을 안 한 거라고. 선생님도 사랑에 시행착오를 여러 번 겪었어. 아니, 지금도 겪고 있지. 그래서 사랑에 대해 여전히 공부 중이지."

"저로 인해 복습까지 하고 계신 상황이란 거죠?"

"장난치는 거 보니 이제 좀 기운이 나냐?"

"네, 이번 일을 계기로 유진과의 사랑을 냉철히 돌아볼 거예요."

지금까지 담임과 나눈 대화를 곱씹어 보면 사랑은 결코 쉬운 게 아니다. 하지만 그만큼 아름다운 거 아닐까. 우리가 드라마나 영화에서 보는 격정적인 사랑, 첫눈에 반하는 사랑과 같은 달콤한 사랑의 판타지는 현실에서 불가능한 사랑을 표현하는 것에 불과한 것일지도 모른다. 이제 유진에게 어떻게 사과해야 할지 궁리할 일만 남았다.

[13] "사랑의 능력은 자아도취와 어머니나 가족에 대한 근친상간적 애착으로부터 벗어나는 능력에 달려 있다. 사랑의 능력은 성장하는, 곧 세계와 자신에 대한 관계에서 생산적인 지향을 발달시킬 수 있는 능력에 달려 있다." – 《사랑의 기술》 4장

사랑에의 예의,
사랑을 돌이키다

1.

현우는 일찌감치 집으로 돌아왔다. 직접 음식을 준비해 유진에게 전해 줄 생각이었다. 미안함을 대신해 정성을 담아야 할 것 같았다. 현우는 집 근처 슈퍼에서 김밥 재료를 사 왔다. 김밥은 엄마랑 종종 만들어 먹어서 자신 있는 요리 중 하나였다. 다른 때보다 더 집중해서 김밥을 말고 있는데, 엄마가 주방으로 들어왔다.

"아들! 요 며칠 제대로 밥도 안 먹고 힘들어 하더니 김밥이 먹고 싶었던 거야? 그럼 엄마한테 말을 하지."

사실대로 얘기하면 엄마가 섭섭해할 것 같아서, 현우는 핑계거리를 생각해 냈다.

"아니에요, 엄마. 독서실에서 늦게까지 공부하면 배가 고플 때가 있거든요. 컵라면보다 김밥 먹는 게 나을 것 같아서 만들어 봤어요."

"그랬구나. 그럼 엄마가 매일 해 줄까?"

"아니에요. 엄마 힘드신데 제가 할게요."

"그래, 엄마 생각하는 건 우리 현우뿐이네."

"전 엄마 바보잖아요. 히히."

"지금은 여자 친구 바보가 아니고? 현우야, 엊그제 네 여자 친구 엄마를 만났어."

"네? 그게 무슨 말씀이세요?"

"그냥 지나가다가 우연히 인사하게 됐단다. 한동네 사는데 인사라도 하고 지내야지. 왜 그동안 안 마주쳤나 모르겠네. 참, 유진 엄마도 인상이 괜찮으시더라."

엄마가 유진이네 엄마 얘길 하는 걸 보니 마음을 더 열기로 한 것 같아 기분이 좋았다. 현우는 김밥을 가지런히 싸 들고 독서실로 향했다. 진심이 담긴 메모와 함께.

유진아,

네가 이 쪽지를 읽는 것도 안 읽는 것도 걱정되지만, 나 할 말이 있어.

내가 참 바보 같고 자기중심적이었다는 것을 이제야 알았어.

우리가 사귀는 거, 네게 상의하고 동의를 구한 다음에

친구들에게 공개했어야 했는데, 내가 너무 일방적이었지?

난 그게 너와 나를 위한 일이라고 생각했어.

또 축하받고 싶고, 자랑하고 싶은 맘에서 그랬던 건데.

네 입장을 제대로 생각해 보지도 않고, 존중하지도 못했어.

진심으로 사과할게.

앞으로 우리 둘이 관계된 모든 일은 서로 상의해서 결정하자.

그러니까 나 용서해 주면 안 돼?

사과하는 의미로 내가 만든 김밥 놓고 간다.

맛있게 먹어 주었으면 해.

참, 또 한 가지 나 민준이랑 화해했어.

민준이가 우리한테 그렇게 말한 거 미안하다고 전해 달래.

현우는 유진이 잠시 자리를 비운 사이에 책상 위에 김밥을 놓고 제자리로 돌아왔다. 떨리는 마음으로 유진의 연락을 기다렸다. 점점 밤이 깊어 가고 있었다. 휴대 전화는 여전히 조용했다. 나름 고민해서 사과할 방법을 찾았는데 유진에겐 별로였나 봐. 좌절하고 있을 때 휴대 전화가 부르르 떨렸다.

'현우야, 나야 유진이. 지금 잠깐 아래층에서 볼래?'

'어……, 그래 유진아. 바로 나갈게.'

현우는 얼른 뛰어나갔다.

"현우야, 여기야."

유진이 반갑게 손을 흔들고 있었다. 오랜만에 유진과 눈을 마주치려니 멋쩍었다. 환하게 웃고 싶었지만 긴장한 탓인지 어색한 표정이 나왔다.

"이거 진짜 네가 만든 거야?"

유진이 도시락을 가리키며 물었다.

"응, 혹시 먹어 봤어? 맛이 어때?"

"맛있더라. 생각보다."

유진이 가볍게 웃으며 말했다.

"현우야, 네가 쓴 쪽지 봤어. 그동안 내가 너무 냉랭하게 굴어서 속상했지? 그래 맞아. 네가 나하고 한마디 상의 없이 우리 사이를 공개해 버리는 바람에 내가 얼마나 당황했는지 아니? 네가 내 마음을 가장 잘 알 것 같았는데, 그렇지 않다고 생각하니까 나도 헤어지자는 말이 나와 버렸어. 진심으로 미안해. 너 요즘 기운 없다고 우리 엄마도 걱정했어."

현우가 놀이터에서 괴로워하는 모습을 유진이네 엄마가 본 모양이다.

"윽, 창피해."

"내 입장에서만 생각하느라 널 배려하지 못했어. 다시 한 번 사과할게."

유진이 작고 귀여운 손을 내밀었다.

"그래, 고마워. 앞으로 내가 더 잘할게."

다시 독서실로 들어가 공부를 마친 현우와 유진은 밤늦게 집으로 향했다. 현우는 두근거리는 마음으로 전처럼 유진의 손을 잡았다. 말이 필요 없는 그런 밤이었다.

모든 것이 다시 정상으로 돌아온 듯했다. 뜻하지 않게 갑작스런 홍역을 겪었지만, 현우는 얻은 게 많았다. 무엇보다 유진에 대한 마음을 더욱 확고히 할 수 있었다.

이제는 우정을 회복할 차례인가? 지금까지 자신을 기다려 준 밴드 멤버들과 연습도 다시 시작해야 한다. 그래서 돌아오는 금요일에 조촐한 단합대회를 열기로 했다. 현우는 친구들에게 연락해서 연습실로 와 달라고 전했다. 음식은 각자 조금씩 준비하기로 했다. 현우 엄마는 샐러드와 과일을 챙겨 주었다. 제일 처음으로 도착한 유진은 꽃과 함께 김밥을 들고 왔다.

"유진아, 우리 애들 오기 전에 풍선 좀 불어 놓을까? 내가 준비를 좀 했는데."

"좋지! 진짜 파티 기분 나겠다."

현우와 유진은 볼이 빵빵해지도록 풍선을 불었다. 풍선을 몇 개씩 엮어서 벽과 드럼에 끈으로 연결했다. 제법 파티 분위기가 나는 듯했다. 조금 있자 민준이 들어왔다.

"민준아, 어서 와."

"어, 유진이 일찍 왔네. 아, 지난번엔 내가 미안했어. 그때 안 좋은 일이 있어서 그만. 이해해 주라."

"뭘 그런 걸 가지고 그래. 일단 네가 뭘 준비해 왔는지 보고 괜찮으면 사과 받아 줄게. 이 정도면 쿨 하지?"

민준이와 유진이 웃으며 이야기를 나눴다.

"난 음료수랑 피자! 내가 좋아하는 이태리 피자인데, 다들 좋아할지 모르겠다."

"와우, 이태리 피자! 오늘 입이 즐겁겠는데."

현우가 응수하며 피자를 받아 들었다.

"야, 너희 그거 알아? 오늘 준석이가 여자 친구 데리고 온대."

"헐, 대박!"

현우와 유진이 동시에 외쳤다.

"근데 누군지 통 모르겠단 말이지. 그 녀석 완전 신비주의야."

그동안 준석이 관심 있어 하던 여자애들을 떠올리며 즐겁게 얘기를 나누는 사이, 준석과 한나가 도착했다.

"짜잔, 기대하시라. 집에서 만든 치킨입니다. 울 여자 친구랑 내가 직접 만들었지."

"야, 여자 친구는 어디 가고 너만 왔어?"

민준이 의아한 표정으로 물었다.

"응? 여기 데리고 왔잖아."

준석이 눈을 찡긋하며 한나를 가리켰다. 어, 그렇다면 준석의 여자 친구가 한나란 얘기? 에이, 설마? 셋은 순간 황당한 표정을 지었다.

"야, 너희 언제부터 사귄 거야?"

"한나 너 감쪽같이! 난 너한테 다 털어놓았는데, 배신자."

유진이 한나를 흘겨보며 말했다.

"미안해. 어쩌다 그렇게 됐어."

"뭐라고? 나랑 사귄 게 어쩌다 그렇게 된 거라고?"

준석이 귀엽게 투덜거렸다.

"어제 준석이랑 얘기해서 우리 사귀는 거 공개하기로 합의했어. 너희한테 얘기하고 당당하게 만나자고. 축하해 주면 더 고맙고."

"역시 내 여자 친구야. 멋지지 않니?"

"야, 정말 감쪽같이 몰랐네."

준석과 한나의 연애 선언에 연습실이 벌써부터 후끈 달아올랐다. 이 분위기를 오디션까지 이어 가야 한다. 밴드의 리더인 현우가 다시 말문을 열었다.

"좋아! 오늘은 우리가 공식적으로 사용할 밴드 이름을 짓자. 오디션 서류도 준비해야 하고."

"얘들아, 방금 기가 막힌 아이디어가 떠올랐어. 밴드 이름, '커플 둘 늑대 하나' 어때? 여기 커플 둘, 나 늑대. 우리 상황을 이보다 더 잘 말해 줄 수 있는 건 없지 않아? 뭔가 유니크 하잖아."

민준이 외롭다며 울부짖었다. 진짜 한 마리 늑대처럼 말이다.

"야, 진지하게 좀 생각해 봐. 노래도 잘하고 똑똑하고 착한 우리 유진 생각은 어때?"

친구들이 야유를 보냈지만 현우는 아랑곳하지 않았다. 유진이 사랑스럽게 째려봤다.

"우리가 모던 록을 하고 있고, 휴머니티를 추구하니까 '휴먼 리그' 어때? 아니면 무한한 가능성을 품고 있다는 의미로 'To Be'가 어떨까? 우린 무엇이든지 될 수 있으니까."

"역시 우리 유진이야."

"너 너무 티내는 거 아냐? 내 생각엔 우리가 매주 금요일 모여서 연습을 하니까 '프라이데이 뮤즈'가 어떨까?"

한나가 의견을 덧붙였다.

"난 말이야, 우리가 때 묻지 않은 무엇인가를 보여 준다는 의미에서 'pure & core'라고 지어 봤어. 좀 추상적이긴 하지만, 있어 보이지 않냐?"

준석이 으쓱댔다.

"아니 뭐 투표하는 게 의미가 있겠어? 현우는 무조건 유진이 편이고, 한나와 준석이도 다르지 않은 것 같고. 너희 뭐냐, 진짜!"

민준이 투덜거렸다. 그래도 각각 의미가 있는 이름이니 사다리를 타서 결정하기로 했다.

"자, 그럼 시작한다!"

민준이 긴장감 높이는 목소리로 말했다.

"어어어, 4번이다."

"4번이 뭐지?"

"To Be. 유진 당첨! 짧고 강렬하고 뜻도 좋고. 이제 'To Be'라는 이름으로 연주하는 거다!"

현우가 소리 높여 연주의 시작을 알렸다. 오랜만에 듣는 유진의 노래는 그동안의 모든 갈증을 해갈해 주었다. 'To Be'로 하나가 된 아이들은 그 어느 때보다 끈끈한 우정으로 연결되어 있었고, 진심으로 행복한 연주를 했다.

2.

시간은 빠르게 기말고사를 향해 달려갔다. 현우와 유진은 약속했던 대로 독서실에서 함께 공부했다. 집으로 돌아오는 길이면 항상 유진을 집에 데려다 줬다. 현우와 유진의 관계는 반 친구들에게도 자연스럽게 알려졌고, 둘이 나눠 낀 커플링이 새삼스러운 일도 아니었다.

현우는 유진에게 멋있고 능력 있는 남자라는 걸 보여 주고 싶었다. 그러나 그걸 넘어서 자신이 한 사람으로서 확고히 서야 한다는 생각을 가졌다. 사실 현우가 이런 생각을 하게 된 것은 얼마 전 나눈 유진과의 대화 덕분이었다.

"현우야, 우리는 생각을 좀 더 단순화하고 생활도 단순화해야 할 것 같아."

"어? 그게 무슨 말이야?"

"우리 서로 문자하는 횟수를 좀 줄여 보자. 그리고 너 기분 전환으로 게임하는 것도 줄여 보고."

"왜 그래? 그렇게 하면서 스트레스 해소하는 거잖아?"

"물론 그런 측면도 있지만, 어떤 때는 시간을 좀 소비한다는 생각이 들어. 생각을 집중하고 생활을 단순화해야지만 우리가 세운 목표에 더 가까이 갈 수 있지 않을까? 사실 쓸데없는 잡담과 시간 죽이기용 영화 감상보다는 더 많은 책을 읽어야 해. 혼자 있는 시간, 아니 혼자 있을 수 있는 시간이 필요해."

"그게 무슨 말이야? 너 진짜 혼자 있고 싶어?"

"그렇게 단순한 문제가 아니야. 사람은 둘이 있어도, 한 가족으로 살아도 각자 자신의 시간을 갖고 자신의 삶을 살아가는 거야. 그러니까 그 시간을 감당할 줄 알아야 되는 거지. 너하고 떨어져서 혼자 있고 싶다는 뜻이 아니야."

"그런 얘기였구나. 뭐, 내가 지겨운 건 아니니 천만다행이야."

현우의 너스레에 유진도 함께 웃었다.

"현우야, 얼마 전에 아빠한테서 연락이 왔어. 일이 잘되고 있기도 하고, 예전에 아빠가 사업할 때 도와주던 사람이 빌린 돈을 돌려주었나 봐."

"와! 정말 잘됐다."

현우가 일부러 큰 소리로 기뻐했다. 그런데 유진은 아빠한테 미안함이 무척 큰 것 같았다. 집안이 어려워지면서 아빠를 원망하기만 했고, 그게 방황으로 이어졌다고. 현우는 유진이 다시 노래를 부르고, 성적도 올라가면 분명히 아빠도 대견해하실 거라고 위로했다.

"네가 우리 동네로 이사 와서 우리가 만날 수도 있었잖아."

"그렇기도 하네. 하지만 우리는 하나가 아닌 서로 다른 존재야. 내가 너에게 나의 모든 맘을 다 준다고 해도, 내가 네가 될 수 없으니까."

"그건 네 말이 맞지만, 그래도 난 너와 함께하는 이 순간만큼은 정말 행복해."

"나도 행복해. 그래도 너에게 전적으로 의존하고 싶지는 않아. 그건 집착 같은 것 아닐까? 너도 알지? 진정한 사랑은 홀로 서 있을 수 있을 때 가능한 거잖아."[14]

유진의 말에서 담임과 나눈 이야기가 생각났다. 사랑하는 사람을 독립된 주체로 인정하고, 그 자신이 원하는 사람이 될 수 있도록 돕는 게 진정한 사랑이라는 것. 그래도 유진이 자신에게 좀 기댔으면 좋겠다는 생각도 들어 현우가 물었다.

"보통 남자들은 여자가 자기한테 기대는 거 좋아해. 그리고 여자는 남자가 리드해 주길 바라지 않아?"

"아마 그런 커플도 있겠지. 그런데 경제적으로나 심리적으로 여자가 남자에게 의존하면 남녀 관계에서 항상 남자가 우위에 서게 될 거야. 그건 가부장적인 사회의 전형적인 모습이야."[15]

유진은 여자들의 의존하고 싶은 마음도 일종의 편견이고 모든 여자들이 다 그런 것은 아니라고 못 박았다. 자기 능력을 갖고 경제적으로 자립한 여자들은 마음도 생각도 상당히 독립적일 거라고 했다. 유진 역시 남자에게 모든 걸 의지해서 평생을 살아간다는 생각은 꿈에도 해 본 적이 없다고.

"그런데 요즘 남자들은 돈도 잘 벌고 집안일도 잘하는 슈퍼우먼을 바라는 것 같아."

"난 유진바라기지만 그런 남자 아니야."

"그래, 그건 내가 잘 알지. 그런데 남자는 이래야 하고, 여자는 이래야 한다, 이런 기준은 누군가 획일적으로 만들어 놓은 것 같아. 사회가 낳은 산물처럼 느껴져. 난 말이야, 현우 너하고 친구처럼, 연인처럼, 서로의 차이를 인정하고 마주 보며 가는 그런 사랑을 하고 싶어. 그러려면 우리 서로 자립적이어야겠지?"[16]

유진의 사랑 내공도 만만치 않구나. 현우는 유진의 맘속에 스스로에 대한 강한 의지가 있다는 것을 느꼈다. 또 유진이 현우를 얼마나 사랑하는지 알 수 있었다. 각자의 개성과 독립성을 유지하면서 서로를 위해 살아가는 것, 그것이 바로 성숙한 사랑일 것이다. 쉽게 말하면 따로 또 같이랄까.[17]

기말고사가 끝나고, 드디어 여름방학을 맞이했다. 현우와 친구들이 연습실로 모였다. 오늘은 본격적인 연습을 위해 몇 가지를 상의하기로 한 날이다. 한나가 먼저 기말고사 얘기를 꺼냈다.

"현우야, 시험 잘 봤어?"

"어, 생각보다. 일단 엄마 아빠한테 약속한 것 이상으로 성적이 나올 것 같아. 이게 다 독서실에서 공부한 덕분이야. 그다음은 비밀. 너는?"

"내가 언제까지 수학이랑 과학 때문에 맘고생 해야 하는지 모르겠어. 이렇게 죽도록 외우기만 해서 뭐가 남을까 싶기도 하고. 난 작가가 되고 싶은데 말이야."

한나는 이 모든 게 시간 낭비처럼 느껴진다고 했다. 또 우리를 한 줄로 세우기만 하고, 우리 의견 따위는 교육 정책에 반영하지 않는 현실에 분노했다. 시험 스트레스가 만만치 않았나 보았다.

"나도 동감! 마치 우리는 푸아그라가 아닐까?"

민준이가 갑자기 엉뚱한 말을 했다.

"푸아그라?"

"응, 프랑스 요리 중에 거위 간 요리 있잖아. 거위에게 고통스러울 정도로 먹이를 줘서 간을 최대치로 키운 다음 만드는 요리. 나는 가끔 머리가 아플 때 우리가 푸아그라랑 다를 게 없다는 생각이 들어."

"오! 멋진 비윤데? 우리는 거위, 학교는 제조 공장, 푸아그라를 먹는 손님은 대학, 아님 기업?"

준석이 민준이 말에 해설을 덧붙였다.

"맞아! 목적 없는 시험 기계를 만드는 우리나라 교육 현실에서 우리는 희생양일 수밖에 없어. 그런데 이 시스템을 거부해서는 사회에서 살아남을 수 없으니까, 싫지만 해 나갈 수밖에 없는 거지. 적응이 문제가 아니라 새로운 사회를 만드는 혁신(innovation)이 필요해.[18] 근데 단순히 시스템만이 아니라 인간 자체도 변화해야 된다고 봐, 나는."[19]

"알겠다, 알겠어. 근데 혁신은 우리 밴드한테 먼저 필요한 거 같은데?"

현우가 한나의 말을 자르며 오늘 모인 이유를 상기시켰다.

"자, 그럼 우리가 계획했던 엠티에 대해서 얘기해 보자."

여름방학이 시작되면 특별 훈련을 하자는 민준의 제안을 구체적으로 발전시키기로 했다. 각자 부모님께 이미 허락도 받았다. 이번 엠티를 통해서 밴드의 단합을 다지고, 야외 공연도 하면서 오디션 전에 사람들의 반응을 확인하기로 했다.

"현우야, 우리 오디션 곡 말이야. 네 자작곡으로 결정됐으니까, 악기 제대로 챙겨 가서 실전처럼 해 보자. 어때?"

준석이 오디션 준비에 열의를 태웠다.

"그래. 악기랑 장비가 좀 무겁긴 해도 가져가는 데 큰 문제는 없을 거야."

현우와 친구들은 다음 주 월요일 엠티를 떠날 생각에 기분이 들떠 있었다. 각자 준비 사항을 체크하고, 깜짝 공연을 어떻게 진행할지 토론하느라 밤늦도록 이야기꽃을 피웠다.

3.

기다리던 엠티 출발일이다. 현우와 친구들은 독서실 근처 맥도날드에서 만나 시외버스 터미널로 이동하기로 했다. 각자 악기와 옷을 챙겨야 했기 때문에 짐이 만만치 않았다. 준석이 드럼은 번갈아 들기로 했다. 현우가 싸 온 김밥을 한 줄씩 손에 들고 동해로 가는 버스에 올랐다. 바캉스 철이라 그런지 버스 안이 떠들썩했다.

"얘들아, 한 세 시간 정도 가니까 도착해서 점심은 어떻게 할까? 간단히 사 먹을까, 장 봐서 만들어 먹을까?"

"여기서 이틀은 지내야 하니까, 장 봐서 숙소로 가자."

"그래, 그게 낫겠다. 그러고 나서 버스킹 할 만한 곳 좀 찾아보면 되겠다."

현우의 말에 친구들이 의견을 척척 보탰다.

"아니지! 우리가 왜 바다를 가겠어? 밥 먹고 나서 일단 수영부터 한번 해야지. 안 그래?"

벌써 물에 들어간 것처럼 팔을 휘저으며 민준이 말했다. 버스 안의 흥분과 설렘이 기대를 더욱 높였다.

아침 일찍 출발한 탓에 친구들이 하나둘씩 잠으로 빠져들었다. 현우는 유진이 자는 동안 창밖을 쳐다보았다.

'이번 여행은 유진과 잊지 못할 추억이 되겠구나. 다음에는 제주도 올레길도 같이 걸어야지.'

현우는 유진이 편히 잘 수 있도록 자신의 어깨를 내주었다. 유진의 볼에서 어깨로 전해지는 따스함이 참 좋았다. 현우도 까무룩 잠이 들었다 깼더니 때마침 버스가 목적지에 도착했다. 멤버들은 한나가 미리 찾아 놓은 마트에서 장을 보고, 숙소로 이동했다.

숙소는 창문을 열면 해변을 내려다 볼 수 있는 약간 높은 곳에 위치에 있었다. 식사 당번인 현우와 유진이 서둘러 인도식 카레를 만들었다. 사실 인도식 카레는 현우가 김밥을 싸다 줬을 때 유진이 답례로 만들어 준 것이었다. 너무 맛있게 먹은 기억이 있어서 이번엔 둘이 함께 솜씨를 발휘했다.

식사를 마친 후 현우와 친구들은 수영을 하러 해변으로 걸어갔다. 숙소에서 해변으로 가려면 약 200미터 길이의 산책로를 걷다가 도로를 건너야만 했다. 횡단보도는 조금 멀리 있어서 의도치 않게 무단횡단을 해야 했다. 숙소에 머무는 대부분의 사람들이 다들 그렇게 해변으로 향했다. 차가 띄엄띄엄 지나기 때문에 위험하다는 생각은 전혀 하지 못했다. 산책로엔 해송이 나란히 심어져 있었다. 소나무 향기를 맡으며 오솔길을 따라가자 바다 냄새가 서서히 코끝을 자극했다. 시원한 파도 소리가 귓가에 닿았다.

"와! 바다다!"

바다가 보이자 누가 먼저랄 것도 없이 환호하며 물속으로 뛰어들었다. 파라솔까지 빌려 아이들은 물 만난 고기처럼 신 나게 놀았다. 유진이 수영을 잘 못하는 현우에게 물과 친해지는 방법을 가르쳐 주었다. 어떻게 해야 물에 몸을 자연스럽게 맡길 수 있는지, 또 물의 공포를 이길 수 있는지 설명했다. 현우는 친구들이 놀리는 줄도 모르고 모처럼 즐기는 유진과의 다정한 시간이 마냥 좋기만 했다.

해수욕을 마치고 현우가 해변 공터에서 연습 겸 공연을 한 시간 정도 하자고 제안했다. 멤버들은 각자 악기를 챙겨서 다시 해변에 모였다. 저녁이라 그런지 사람들이 반으로 줄어들었다. 멤버들이 앰프를 설치하고 공연을 준비하는 동안, 한나는 '잠시 음악을 들려드려도 될까요? ^^'라고 적힌 피켓을 들고 관객을 끌어모았다.

공연 세팅이 끝나고 여름과 바캉스에 어울리는 곡을 몇 곡 연주하니 관객이 하나둘 모여들였다. 고등학생으로 이루어진 아마추어 밴드지만 관객의 호응도는 꽤 높았다. 특히 보컬인 유진의 노래 실력에 모두들 놀라는 듯했다. 박수와 앙코르가 터져 나왔다. 해변 공연을 성공리에 마친 'To Be'는 날이 새도록 음악에 대해 이야기를 나눴다.

다음 날 늦게까지 잠을 잔 현우와 친구들은 아침을 먹고 그날 일정을 상의했다.

"오늘은 각자 맡은 파트 연습해서 조금 일찍 다시 공연하러 나가자."

"그래. 어제 사람들 반응 보니까 신기하기도 하고 좋더라."

"오디션 실전 연습이다 생각하고 바짝 긴장하자."

다들 어제 공연으로 인해 아침부터 분위기가 한껏 상기되었다.

"그래도 모처럼 왔는데……. 숙소 아저씨가 그러는데 오늘 저녁에 불꽃놀이가 있나 봐. 여기서 거리가 좀 된다고는 하는데, 거기 놀러 가는 건 어때?"

민준이 아쉬운 표정으로 얘기했다.

"그것도 좋긴 한데, 우리가 여기 온 목적이 분명하잖아? 아무래도 이번 엠티는 공연 중심이 되어야 할 것 같아. 시간 봐서 불꽃놀이는 우리끼리 해도 되고."

현우가 설득하자 민준이는 물론 모두 고개를 끄덕였다.

"내일은 다시 일상으로 돌아가야 하니까 무대에서 신 나게 놀아 보자!"

한나가 먼저 손을 내밀었다. 멤버들이 그 위로 하나씩 손을 포

갰다.

"그래, 달려 보자!"

각자 파트 연습을 끝낸 멤버들이 다시 모였다. 우선 세트 리스트를 어떤 곡으로 정할지 의견이 오가고, 보컬과 함께 최근 오디션에서 주로 선정된 곡을 연습해 보기로 했다. 'To Be'는 잠깐의 휴식을 취한 뒤 어제 공연 장소인 해변으로 이동했다. 바쁘게 움직였는데도, 해변으로 가는 오솔길엔 이미 어둠이 내리기 시작했다. 도로가엔 이따금씩 자동차의 굉음이 무섭게 울리기도 했다.

두 번째 공연인데도 다들 초긴장 상태였다. 일단 연주가 시작되자 사람들이 발걸음을 무대 쪽으로 옮기기 시작했다. 관객은 익숙한 노래에는 반응을 보였지만, 현우의 자작곡엔 어제 만큼의 호응이 나오진 않았다. 그래도 자작곡으로 이 정도의 반응이면 그리 나쁘다고 할 수는 없었다. 유진의 목소리가 사람들에게 굉장히 매력적으로 다가고 있다는 것을 다시 한 번 확인할 수 있었다. 차츰 'To Be'는 관객의 반응보다는 자신들이 이끌어 가는 무대 자체를 즐기고 있었다. 아주 멀리서 불꽃놀이의 섬광이 그들을 잠깐씩 비쳤다 사라지곤 했다.

"자, 오늘이 마지막 날인데 이제 그만 우리만의 불꽃놀이를 해 볼까? 민준이 소원도 들어줄 겸."

현우가 멤버들의 반응을 살폈다.

"야, 너 뭐야. 아까는 공연 중심이 어쩌고 하더니. 불꽃놀이 재료 숙소에 두고 왔잖아."

민준이 기분 좋게 투덜대면서 말을 이었다.

"그럼, 가위바위보 해서 지는 팀이 숙소에 갔다 오기. 자, 대표로 유진이랑 한나 나와. 현우랑 준석은 뒤에서 응원하고. 벌칙으로 남자가 여자 업고 다녀오는 거다. 난 외로운 늑대니까 빠질게. 자 간다! 가위바위보!"

유진이 가위를 내고 한나가 주먹을 냈다.

"야, 차현우 좋지? 내 덕에 유진이도 업어 보고. 한턱내라, 엉?"

"그래, 고맙다. 짜샤. 유진아 업혀!"

현우는 연신 허리를 굽혔다 폈다 했다. 유진은 부끄러운 듯 몇 번 몸을 뒤로 뺐지만, 싫지 않은 듯 깡총 현우 등에 업혔다. 아빠 말고 남자 등에 처음 업혀 본 유진은 가슴이 방망이질 쳤다. 한편으로는 현우 등이 아빠보다 더 듬직하게 느껴졌다. 중간쯤 왔을 때 유진이 말했다.

"현우야, 그만 내려 줘. 너 힘들잖아."

"아니야, 괜찮아. 난 너를 업고 가는 이 길을 평생 잊지 못할 거야."

"응, 나도 그럴 것 같아."

현우가 다시 등에 힘을 주어 유진을 바짝 끌어올렸다. 둘은 숙소에 도착해 불꽃놀이 재료를 챙겨 들고 얼른 다시 해변으로 향했다. 이번엔 두 손을 마주 잡은 채. 오솔길을 내려오면서 둘은 묘한 긴장 감을 느꼈다. 지구상에 유일하게 둘만 존재하는 것 같았다.

"현우야, 내가 노래 불러 줄까?"

"무슨 노래?"

"네가 나를 위해 만들어 준 노래 말이야."

"언제든 좋지. 고마워."

유진의 노래를 듣자 시간이 그대로 멈춘 듯했다. 다시 찾아온 정적을 방해받고 싶지 않았다. 자동차 굉음이 신경 쓰인 현우는 도로를 건널 때 더욱 신중을 기했다.

"어어, 현우야. 불꽃놀이 재료를 담은 가방에 구멍이 났나 봐. 몇 개가 없어졌네. 넌 아까 나 업고 오느라 힘들었으니까, 여기서 잠깐만 기다려. 내가 얼른 갔다 올게."

"내가 다녀와도 되는데, 유진아!"

유진은 현우의 대답을 들을 새도 없이 몸을 돌려 아까 건너던 도로로 뛰어갔다. 불꽃놀이 재료는 도로 한가운데 떨어져 있었다. 유진은 차가 오는지 확인하고 달려가 땅에 떨어진 불꽃놀이 재료를 주워들었다. 그 순간 유진의 눈앞에 너무도 강렬한 불빛이 돌진해 오고 있었다.

삐이이익! 픽!

유진의 몸이 공중에 반쯤 떠올랐다가 이내 다시 떨어졌다. 유진은 현우를 몇 번이고 부르려고 했지만 입이 떨어지지 않았다. 몽롱해진 의식 속에서 현우의 커다란 등이 또렷이 보였다. 어느 때보다도 포근한 느낌이 유진을 안심시켰다. 그렇게 유진은 의식을 잃었다.

현우는 유진의 모습이 보이지 않을까 해서 길모퉁이를 뚫어지게 보았다. 몇 분이 흘러도 유진이 보이지 않자 가방을 내려놓고 이름을 불렀다.

"유진아! 어디 있니?"

깜깜한 어둠 속이라 현우는 얼굴을 찡그렸다. 저 멀리 현우의 시야에 누군가 쓰러져 있는 것이 보였다. 현우는 유진일 것이라 직감했다.

"유진아! 유진아! 정신 차려 봐."

유진을 안은 현우의 손이 덜덜 떨렸다. 현우의 손에 축축한 것이 묻어 나왔다. 정신없이 유진을 도로 바깥으로 옮기고 119에 전화를 걸었다. 한 손으로 부축하고 있는 그 애의 몸은 이미 축 늘어져 있었다. 몇 분 만에 사이렌을 울리며 구급차가 사고 현장에 도착했다. 유진을 발견하고 5분 남짓 도로는 아수라장이 되어 버렸다. 경찰차가 달려왔고, 사람들이 몰려들었고, 아이들은 모두 패닉 상태로 울었다.

오직 현우만이 시간이 멈춰 버린 것처럼 멍하니 허공을 바라봤다. 세상이 온통 하얗기만 했다. 구급차에서 내린 구급 요원이 유진의 맥박과 심전도를 확인했다. 머리 쪽의 출혈로 심장이 불규칙하게 뛰는 위험한 상황이었다. 현우는 구급차에 같이 올라타고 병원으로 향했다. 병원으로 가는 내내 현우는 유진의 손을 부여잡고 있었다. 그렇지만 유진은 아무런 반응이 없었다.

유진은 그렇게 현우의 품에서 떠났다. 현우는 오디션을 포기했고, 연습실도 폐쇄시켜 버렸다. 세상의 모든 것을 잃어버린 것 같았다. 사막에 혼자 남아 있는 듯 황폐한 나날이 지속됐다. 자신 때문에 유진이 죽었다는 생각에 미친 듯이 괴로워했다. 현우는 음악을 하는 것도 듣는 것도 딱 끊어 버렸다. 그리고 밤이 되면 유진의 온기가 남아 있는 그네에 앉아 시간을 보냈다. 유진의 집에서 흘러나오는 불빛을 쳐다보는 게 유일한 일이었다. 부모님은 현우가 지금 상태로 학교생활을 유지할 수 없다고 판단해 당분간 학교를 쉬기로 결정했다.

현우는 혼자만의 처절한 고통의 시간 속에 놓여 있었다. 유진을 만나기 이전의 외로움과는 차원이 다른 상실감과 고독이 현우를 절망으로 이끌었다. 현우는 모든 것에 의욕을 상실했다. 그해 가을과 겨울을 절망의 터널 속에서 보내야 했다. 세상 모든 것에 의미가 사라져 버린 시간이었다. 고등학교 2학년을 마치는 마지막 종례가 끝나고 담임이 현우에게 쪽지를 내밀었다. 집으로 오는 길에 담임의 쪽지를 펼쳐 보았다. 현우는 담임의 쪽지를 읽으며 뜨거운 눈물을 쏟았다.

현우야,

선생님은 유진을 잃은 너의 상실감을 진심으로 공감해.

하지만 네가 이렇게 힘들어 하는 모습을 유진이가 본다면,

너에게 어떤 말을 할까?

너의 변치 않는 사랑에 눈물을 보이면서도

모든 죄책감을 짊어지고 방황하는 너를 너무나 안타까워할 거야.

유진의 그 마음이 너를 지켜보는 부모님의 마음과

또 나의 마음과도 다르지 않단다.

냉정히 말하면 너는 유진이가 사라진 이후 유진과의

마조히즘적인 사랑에 빠져 있는지도 모르겠다.

오직 유진으로 회귀하려는 너의 태도가 그런 건지도.

하지만 내가 아는 너희 둘의 사랑은 서로의 차이에 대한 긍정,

성장에 대한 기쁨, 독립성과 자율성 그리고 자유를 확장시키는

것이었을 거야.

현우야, 이젠 유진을 놓아줄 때가 된 것 같다.

스스로를 보살피고 너 자신의 삶을 묵묵히 성실하게

살아 내는 것이 남겨진 네가 유진을 위해서 할 수 있는

유일한 일이 아닌가 싶다.

이제 그만 너를 사랑하는 사람들을 봐 주렴.

다시 일어서자.

[14] 프롬은 다른 기술과 마찬가지로 사랑을 실천하기 위해서는 자제력, 집중력, 인내력이 필요하다고 했다. 그중 사실상 정신을 집중시킬 수 있다는 것은 홀로 있을 수 있다는 것을 의미한다. 내가 자립할 수 없기 때문에 다른 사람에게 집착한다면, 그나 그녀는 생명을 구조하는 자이기는 하지만 그 관계는 사랑의 관계는 아니다. 역설적으로 말하면 홀로 있을 수 있는 능력은 사랑의 능력의 조건이다. - 《사랑의 기술》 4장

[15] 프롬은 남성 지배 사회, 다시 말해 부권 사회는 역사적 산물이며 일시적이라고 말한다. 부권 사회에 앞서 모권 사회가 있었으며 소위 젠더로 표방되는 여성성, 남성성 역시 사회적 산물에 불과하다는 것이다. 그는 남녀의 문제는 성차의 문제가 아니라 성적 지배 역사의 축적의 흔적이라고 보았다. - 에리히 프롬 《여성과 남성은 왜 서로 투쟁하는가》 중에서

[16] 프롬은 남녀의 차이, 프롬 식의 표현대로 남녀의 양극성을 유지하고 그 치이를 실현하는 것이 진정한 이미외 양성평등의 실현이라고 보았다. - 《여성과 남성은 왜 서로 투쟁하는가》 중에서

[17] 앞서 말한 공서적 합일과 대조적으로 성숙한 사랑은 자신의 통합성, 곧 개성을 유지하는 상태에서의 합일이다. 사랑은 인간으로 하여금 고립감과 분리감을 극복하게 하면서도 각자에게 각자의 특성을 허용하고 자신의 통합성을 유지시킨다. - 《사랑의 기술》 2장

[18] 프롬은 정치적, 사회적, 경제적, 문화적 변화에 대하여 자세히 논한다. 몇 가지를 소개하면 노동자의 경영 참여, 소비자의 경영 계획 과정 참여 제도 도입, 합리적 정치 의사 결정을 위한 충분한 정보의 제공, 직접 민주주의의 강화, 문화의 생산과 향유의 기회를 균등하게 부여, 시민 누구에게나 예술 창작 기회 제공, 평생 학습 기회 제공 등이다. - 에리히 프롬 《건전한 사회》 중에서

[19] 이 말은 소유적 삶의 양식에서 존재적 삶의 양식으로 변화해야 한다는 것을 의미한다. 두 삶의 양식은 완전히 대조되는 삶이다. 존재적 삶의 양식이란 독립과 자유를 갖고 비판적 이성으로 살아가는 삶을 의미한다. 따라서 생물학적 욕구나 사회적으로 재생산되는 욕구를 따라 사는 삶을 거부한다. 의미와 가치를 추구하며 의미 생산적인 활동에 매진하는 것이 존재적 삶의 모습이다. - 에리히 프롬 《소유냐 존재냐》 중에서

현우가 담임의 의중을 받아들였을 때는 겨울방학이 다 지나서였다. 유진의 부모님은 그즈음 원래 살던 곳으로 이사를 갔다. 고3이 시작되고 현우도 서서히 일상으로 돌아왔다. 그렇지만 여전히 현우의 손가락에선 유진과 나눠 낀 커플링이 반짝였다. 휴대 전화 케이스 또한 유진이 선물해 준 그대로였다. 현우는 유진과 함께 공부를 하던 독서실을 다시 끊었고, 다른 멤버들과 자연스럽게 연락했다. 그렇게 유진의 죽음으로 인한 상처를 같이 극복해 나갔다. 현우는 그저 열심히 살고 싶었다. 입시 준비에만 매달려 정신없이 하루가 지나가기를 바랐다. 그러다가 힘들어지면 유진에게 문자를 했다.

'유진아, 잘 지내고 있어?'

'나는 밥도 잘 먹고 공부도 열심히 하고 있어. 하지만 네가 없다는 사실이 때때로 나를 정말 힘들게 해.'

'유진아, 보고 싶다……'

대학에 들어가서도 변한 것은 없었다. 현우는 음악 대신 철학을 전공으로 선택했다. 유진을 상실한 이후 삶과 죽음에 대한 의문이 꼬리를 물고 이어졌다. 그리고 누군가를 다시 사랑할 수 있을까…….

현우는 여전히 유진을 마음 한쪽에 품고 지냈다. 그러던 어느 날 책장을 정리하다가 고등학교 때 끼적이던 악보를 보았다. 그길로 자신의 손으로 폐쇄해 버린 지하 연습실로 내려갔다. 몰래 숨겨 두었던 일기장을 들춰 볼 때의 떨림이 계단을 내려가는 현우의 가슴에 요동쳤다. 연습실에는 기타와 악기, 악보가 먼지를 쓴 채 그대로 놓여 있었다.

현우는 먼지를 털어 내고 천천히 기타 코드를 잡았다. 유진을 위로하며 처음 들려주었던 조르주 무스타키의 'Ma Solitude'를 조용히 연주했다. 그리고 홍대 앞에서 그녀에게 바쳤던 사랑의 헌시 악보를 펼쳐 보았다. 유진과 나눈 대화와 사랑의 기억이 오선지 위에서 아른거렸다. 현우가 작곡을 하고 유진의 도움으로 편곡한 곡이니 둘의 공동 작품인 셈이었다. 현우는 유진이 떠난 이후 기억을 더듬어 작사를 새롭게 하였다. 그러고 나서 그 곡을 신인 작곡가 발굴 오디션 프로그램에 보냈다. 제목은 '사랑을 하다'로 지었다.

유진과의 추억이 심사 위원의 마음을 울렸는지 '사랑을 하다'가 대상을 차지했다. 사랑의 기억과 아픔을 솔직하게 써 내려간 가사와 멜로디는 지금 사랑을 하고 있고, 과거 사랑을 놓친 기억이 있는 모든 사람들에게 잔잔한 감동을 주었다. 특히 그 곡을 함께 만든 현우

와 유진의 슬픈 사랑이 알려지면서 많은 사람들에게 더욱 큰 사랑을
받았다.

〈사랑을 하다〉

저만큼 혼자 가고 있는 그대여 무슨 일이 있었던 건가요
당신의 어깨만 보아도 당신의 눈빛만 보아도
당신은 정말 슬픈가 봐요
사랑했던 그녀는 이제 당신 곁에 없는데
당신은 여전히 그녀를 찾고 있네요
당신은 그녀의 세상에서 살고 있는데
사랑하던 그녀는 당신 곁을 떠나갔네요
그래서 당신은 정말 슬픈가 봐요

저만큼 혼자 울고 있는 그대여 무슨 일이 있었던 건가요
당신의 숨결만 들어도 당신의 목소리만 들어도
당신은 정말 슬픈가 봐요
사랑했던 그녀가 당신 곁에 없다고 말해 줘도
당신은 여전히 그녀를 찾고 있네요
당신은 그녀를 위해 노래하는데

사랑하던 그녀는 당신을 만날 수 없는 곳에 있네요

그래서 당신은 정말 슬픈가 봐요

I miss you I miss you I miss you I breathe with you

현우는 그렇게 아픈 사랑을 했고 사랑에 헌신했으며 그 사랑을
기억하고 있었다.

부록

에리히 프롬에게 붙는 수식어는 이루 말할 수 없을 정도로 많다. 20세기 최고의 휴머니스트, 저명한 저술가, 인간의 심리와 인간 소외 극복과 자유의 실현 가능성을 탐색한 사회심리학자, 프로이트 이론을 발전시킨 신프로이트주의자, 마르크스와 프로이트를 접목시키고 넘어선 독창적인 인간주의적 프로이트-마르크스주의자, 그리고 사회 개혁 프로그램을 설계한 휴머니즘-사회주의 주창자 등이다.

그는 1900년 3월 23일 독일 프랑크푸르트에서 엄격한 유대교 집안의 외아들로 태어났다. 프롬의 아버지는 와인 상인이었고, 할아버지 역시 당시 유대인들이 그러했듯이 생계를 위해 가게를 운영했다. 특히 할아버지는 프랑크푸르트 유대인계 사회에서 학식이 있는 사람으로 통했다고 프롬은 훗날 기록했다.

유소년, 청소년기를 포함해 청년기까지 그의 삶에 가장 영향을 미친 것은 다름 아닌 유대교적 전통과 가치라고 할 수 있다. 청소년기에 프롬은 장차 자신이 랍비가 되는 것을 자연스럽게 생각할 정도였다. 프랑크푸르트대학 시절에는 랍비 노벨에게, 그리고 하이델베르크대학 시절에는 4~5년을 랍비 라빈코우로부터 탈무드 수업을 받았으니, 프롬의 삶과 정신세계에서 유대교적 가치가 상당한 영향력을 발휘했음을 짐작할 수 있다. 그는 프랑크푸르트 사회연구소의 일원이었던 아도르노한테 '직업적 유대인'이라는 말을 들었을 정도로 충실한 유대적 가치의 추구자였다.

청년기에 그는 프랑크푸르트대학에 입학해 법학을 공부했다. 그러다가 하이델베르크대학으로 옮긴 뒤 전공을 바꿔 심리학, 사회학, 철학을 공부해, 알프레드 베버 교수 밑에서 「유대의 법률 : 유대의 디아스포라에 관한 사회학적 연구」라는 논문으로 박사 학위를 취득한다. 프롬은 독일의 저명한 사회과학자이자 사상가인 막스 베버의 동생인 알프레드 베버 교수를 자신이 가장 존경하는 유일한 비유대인 학자이며 진정한 휴머니스트라고 회고했다. 그는 이 시기에 시온주의(유대인들의 민족 국가 건설을 위한 민족주의 운동) 학생 단체에서 활동하였으나, 훗날엔 시오니즘의 국가주의적 성격을 비판하고 결별했다. 프롬의 제자인 라이너 풍크는 그가 시오니즘과 결별한 이유를 불교와의 만남에서 찾는다. 프롬은 1926년에 불교에 관심을 두기 시작했고, 이후 1950년대에 재차 불교에 심취했다.

박사 학위 취득 후에는 베를린 정신분석연구소에 들어가 그곳에서 정신분석학 연수 과정을 마친다. 뮌헨대학에서 정신의학 전반과 심리학을 연구한 뒤에는 다시 베를린 정신분석연구소에서 2년을 보낸 후 칼 란다우, 프리다 라이히만 등과 〈남독 정신분석학연구소〉를 창설한다.

프롬이 정신분석가로 성장하는 데 있어서 가장 큰 영향을 미친 인물은 당연히 프로이트였다. 그는 프로이트가 자기 인생에서 "새로운 세계를 열게 해 주었다"라고 말했을 정도였다. 그 영향이 어느 정도인가를 가늠하는 것은 프롬의 정신세계를 구성하는 토대 중 하나가 프로이트라는 데서 확인할 수 있다. 현대 문명이 병들었음을 진단하고 현대인을 병든 존재로 인식하는 그의 문제의식 역시 프로이트가 지은 《문명 속의 불만》의 기본 시각을 수용하고 있다는 것을 시사한다.

프롬은 프로이트 이론에 붙잡혀 있지 않고 그를 넘어서고자 했다. 기본적으로 프로이트의 정신분석학이 보편적인 이론이 될 수 없으며, 그의 정신분석학이 가부장적 문화의 산물이라고 생각했다. 또한 심리학은 단순히 개인의 본능적인 욕구와 만족 및 좌절을 다루는 데 그치는 것이 아니라 개인과 세계와의 특수한 관련성, 사회와 개인의 심리적 관계를 깊이 연구해야 된다고 생각했다. 프롬의 이러한 작업을 흔히 '정신분석학의 사회학화'라고 부른다.

그가 이 작업을 시도하는 데 영향을 미친 인물은 마르크스이다. 마르크스는 프롬의 정신세계를 구성하는 또 다른 축이다. 하지만 그가 추구한 마르크스는 흔히 말하는 정통 마르크스주의가 아니라, 휴머니즘 이념으로 가득 찬 초기의 마르크스를 의미한다. 그는 프로이트의 정신분석학과 마르크스의 이론을 수정해 훗날 자신만의 새로운 사회심리학과 자신만의 휴머니즘-사회주의 이론을 발전시키는 업적을 성취하였다.

프롬이 정신분석가로서 또한 사회이론가로서 모습을 드러내기 시작한 것은 1930년대에 프랑크푸르트 학파의 산실인 프랑크푸르트 사회연구소의 사회심리학 분야 책임 연구원으로 활동하던 시기이다. 연구소 학술지인《사회 연구》창간호(1932)에 발표한 논문「분석적 사회심리학의 방법과 과제」에서 왜 프로이트와 마르크스의 사회 분석이 통합되어야 하는지, 그것을 통해 사회 현상의 심리학적 분석이 어떤 성과를 보여 줄 것인지 명쾌하게 밝히고 있다.

프롬은 사회연구소의 초기 프로젝트에서도 중핵을 담당하지만, 그의 프로이트와 마르크스를 통합하려는 수정주의적인 입장은 호르크하이머나 아도르노의 비판에 봉착하게 된다. 이들은 정신분석학이 사회 분석의 보조 수단이라는 생각을 갖고 있었고, 정치경제학의 사회 분석의 제1원리가 되어야 된다는 생각을 버린 적이 없었기 때문이다. 또한 그들은 프롬만큼 정신분석학에 대해 알지 못했고 프로이트의 기본 가정들을 수정하려는 태도를 비판했다. 여기에 재정적인 이유가 겹치게 되면서 프롬은 결국 사회연구소와 1939년 최종 결별한다.

세계 2차 대전 이후 나치스를 피해 미국으로 망명하는 동안에, 사회연구소의 일원으로 잠시 한배를 탔지만 곧 독자적인 길을 가기 시작한 프롬의 앞날은 탄탄대로였다. 미국 국적을 취득한 그다음 해인 1941년 프롬에게 학자로서 세계적 명성을 갖게 해 준《자유로부터의 도피》가 출간되었다. 그는 이 저작에서 '왜 근대인이 구속으로부터 벗어났으면서도 진정한 자유를 획득하지 못하고 새로운 의존, 새로운 권위에 복종하게 되었는지'를 규명하고자 했다. 특히 제6장 나치즘의 심리는 당대 독일 하층 중산 계급의 심리와 나치즘의 정치 행위의 상호 작용을 명료하게 설명하고 있다.

이 책의 속편이라고 할 수 있는《건전한 사회》에서는 병든 사회를 치유하고 병든 개인을 치료하기 위해서 사회 구조의 개혁만이 아니라 인간의 정신 역시 건강성을 회복해야 한다고 주장한다. 사회 개혁도 특정한 부분이 아니라 정치, 경제, 문화 영역에서 전 방위적으로 변화되어야 한다고 거듭 밝히고 있다.《건전한 사회》에서 밝힌 현대의 병을 치료하기 위한 방법으로서의 정신 해방과 사회 개혁은《소유냐 존재냐》에서 더욱 명료한 형태로 서술된다. 새로운 인간, 새로운 사회 건설을 위한 프롬의 제안이 수없이 열거되어 있다. 우리 사회에서 이슈가 되었던 경제 민주화나 양성 평등, 생물 다양성, 환경 문제에 대한 실천 프로그램도 상세히 다뤘다. 그는 현대인의 존재 양식을 소유적 존재 양식과 존재적 존재 양식으로 구분하고 소유 지향적 존재 양식에서 존재 지향적 존재 양식으로의 전환을 촉구한다.

1956년은 프롬의 이름을 서구의 일반 대중에게도 알린 해라고 할 수 있다. 지금까지 적어도 34개 언어로 번역되어 수백만 부가 팔린 《사랑의 기술》이 발표된 해이며, 이후 프롬의 정신세계가 지식인 사회와 서구를 넘어 동양에도 알려지기 시작했다. 이 책에서도 우리는 그의 프로이트 비판과 자본주의 비판, 그리고 현대 소비사회 인간의 문제를 찾아낼 수 있고 사랑의 병리적 현상에 대한 심리 분석을 쉽게 읽어 낼 수 있다.

1960년대에 그의 활동 중심은 휴머니즘의 실천에 있었다. 그는 이론적 작업 이외에도 미국 사회당에 가입해 활동했다. 특히 평화 운동, 반핵 운동, 군축 운동에 적극 참여했다. 프롬은 '죽은 것을 사랑하는 것'이 아니라 진정으로 '삶을 사랑'한다면 평화 운동에 나서야 한다고 주장했다. 군축과 관련해서는 소련이 이를 거부한다 해도 미국만이라도 단독 군축을 하는 것이 평화를 앞당길 수 있다는 단독 군축 옹호론을 주장했다.

그는 베트남 전쟁 반대 운동에도 적극적이었다. 1968년에는 베트남 전쟁에 반대한 유진 매카시의 선거 운동에 적극 관여했으며, 그 활동의 여파로 심근경색으로 고생하였다.

　이론적으로 혁명적 인간의 탄생과 그것이 가능한 사회 개혁 프로그램을 끊임없이 연구하고 실천적 정치 행위에 적극 참여했던 프롬은 누구보다도 인간의 이성에 대한 믿음, 인간의 가능성에 대한 신뢰를 확신했던 진정한 휴머니스트였다.

　개인의 사적인 삶을 평가한다는 것은 위험하고 불필요한 것일 테다. 그러나 애정 관계에 관한 몇 가지 기록을 보는 것으로 프롬에 대한 소개를 마칠까 한다. 그의 첫 번째 부인은 프리다 라이히만이다. 프롬은 그녀를 통해서 정신분석학에 발을 들여놓았고, 지적으로 성장한다. 프롬에게 라이히만은 선생으로서 아내로서의 역할만이 아니라 든든한 학문적 동지 관계였다. 결혼 초창기에 라이히만과 프롬은 「정신분석학적 충동론」, 「정신분석학적 교육학」과 같은 논문을 공동으로 발표했다.

　프롬의 두 번째 아내는 헤니 굴란트였다. 1944년 결혼해 단란한 가정을 꾸리나 얼마 못 가 아내가 발병하였다. 프롬은 아내의 건강 회복을 위해 따뜻한 멕시코 지방으로 거처와 직장을 옮기지만 1952년 그녀는 끝내 숨지고 만다.

　이후 세 번째 아내인 애니스 프리먼을 맞이한다. 천생연분이었던 그녀와는 멕시코, 미국, 스위스를 오가며 살고 사랑하며 말년을 평화롭게 보냈다. 프롬은 1980년 3월 18일 스위스 무랄토의 자택에서 숨을 거두었다.

● 1900

3월 23일 태어남.

● 1918

프랑크푸르트대학
법학과에 입학.

● 1919

하이델베르크대학으로
옮겨서 1920년부터
사회학과 심리학을
전공함.

● 1922

「유대의 법률 : 유대의
디아스포라에 관한
사회학적 연구」로 박사
학위 취득.

● 1924

프리다 라이히만과
하이델베르크에서 심리
치료소 오픈.

● 1926

프리다 라이히만과 결혼.
시오니즘의 국가주의적
성격을 비판하고
시온주의 학생 단체와
결별, 유대 민족주의에
반대함.

● 1928

베를린 칼 아브라함
연구소에서 심리 분석
과정 이수.

● 1929

칼 란다우, 프리다
프롬 라이히만,
하인리히 멩크와 함께
프랑크푸르트에서
남독 정신분석학연구소
공동 설립.

● 1930

프랑크푸르트
사회연구소의 심리
분석과 사회심리학 연구
분야 책임 연구자로
활동, 동시에 베를린에서
연수 과정 졸업 및 실습.

● 1931

프리다 프롬 라이히만과 이혼.

● 1933

신프로이트파의 대표적인 여성 정신 분석 의사 카렌 호나이의 초대로 시카고에서 강연함. 그와 친분 관계를 쌓아 감.

● 1934

나치스를 피해 미국으로 망명함. 1939년까지 독일의 철학자이자 사회학자인 호르크하이머와 아도르노가 주도하던 프랑크푸르트 사회연구소와 협동 작업을 계속했지만, 건강상의 이유로 중단되곤 함.

● 1936

호르크하이머의 주도하의 연구 프로젝트 '권위와 가족' 중 프롬의 저작분인 《권위주의적 성격》이 출간됨.

● 1939

프랑크푸르트 사회연구소의 연구 방향과 연구 주제에 대한 의견 차이로 완전히 결별.

● 1940

미국 국적 취득.

● 1941

《자유로부터의 도피》 출간.

● 1944

헤니 굴란트와 재혼.

● 1947

《정신분석학과 윤리학》, 《인간의 자유》 출간.

● 1950

아내 헤니 굴란트의 건강 회복을 위해 멕시코로 거처를 옮기고, 멕시코 국립자치대학교의 정신분석학 교수로 취임. 1965년에 은퇴. 그사이에 미시간 대학(1957~1961)과 뉴욕대학(1962)에서도 교수로 활동.

● 1952

6월 4일 아내 헤니 굴란트 프롬 사망.

● 1953

애니스 프리먼과 결혼.

● 1955

《건전한 사회》출간.

● 1956

《사랑의 기술》출간. 전 세계 34개 언어로 번역되어 세계적 베스트셀러 작가가 됨. 사랑은 감정이 아니라 태도이며 활동이고 지식과 기술이 필요하다고 주장.

● 1960

미국 사회당 가입. 정치적 활동에 적극 참여함. 《선(禪)과 정신 분석》출간.

● 1961

《마르크스의 인간관》, 《인간의 승리를 찾아서》 출간. 미국의 외교 정책에 관한 비판적인 글을 저널에 다수 기고함.

● 1963

《혁명적 인간》출간. 멕시코 정신분석연구소 설립 운영.

● 1964

《악에 대하여》출간.

● 1965

평화 운동에 적극 투신.
미국의 베트남 전쟁 반대
운동 전개.

● 1966

《너희도 신처럼 되리라》
출간.

● 1968

《희망의 혁명》 출간.

● 1973

《파괴란 무엇인가》 출간.
스위스에 정착해 말년을
보냄.

● 1976

《소유냐 존재냐》 출간.

● 1980

3월 18일 스위스의
무랄토 자택에서 네
번째 심장 발작으로
사망.

1. 선생님이 설명한, 인간이 고독을 느끼는 이유는 무엇 때문인가요? 1장 참고

2. 선생님과 아이들은 고독과 불안을 극복하는 여러 가지 방법에 대해서 이야기를

나눕니다. 그중 민준이 얘기한 '사랑'을 에리히 프롬의 시각으로 설명해 보세요.

1장 참고

3. 다음에 들어갈 공통적인 단어는 무엇일까요? 1장 참고

"…… 쉽게 정리해서 말하면 인간의 마음에는 선과 악, 두 가지 모순되는 심리적

근본 성향이 동시에 존재하는데, 그중 무엇을 ○○하는가가 중요하다는 것이지.

결국 주체의 자유와 ○○ 능력을 강조하는 거야."

4. 사랑에 대한 사람들의 일반적인 생각은 '감정'과 '감정의 상태'라고 봅니다. 그런데 프롬은 사랑은 감정만이 아니라고 하지요. 그는 왜 그렇게 말할까요?

1장, 2장 참고

5. 유진은 현우에게 혼자 있는 시간이 필요하다고 얘기합니다. 왜 그랬을까요?

6장 참고

6. 본문 전체에서 프롬이 말하는 이상적이고 성숙한 사랑은 어떤 사랑인가요?

6장 참고

1. 프롬은 고독은 인간이 사물, 대상, 타자, 세계 등과 분리되어 있다는 의식에서 비롯된 것이라고 보았습니다. 자신의 존재를 지각할 수 있는 인간은 분리를 의식하고, 이 분리에 대한 인식이 근원적인 고독의 실체라는 것이지요. 이러한 분리의 인식으로부터 인간은 불안을 느낍니다. 이 불안은 우리가 도둑이나 강도 앞에서 떠는 그런 공포와는 다릅니다. 불안은 나를 불안케 하는 대상이 없으나, 공포는 구체적인 대상이 있다는 차이점이 있습니다.

2. 프롬은 인간의 가장 큰 욕구가 고독이라는 감옥을 떠나려는 것이라고 말했습니다. 인간 실존의 과제는 분리를 극복하고 일치를 이루는 것이라고 말이지요. 이 분리 상태를 어떻게 극복할 수 있을까, 어떻게 합칠 수 있을까, 어떻게 자신의 개인적인 생명을 초월해서 합일에 이를 수 있을까 고민했습니다. 그가 찾은 완전한 해답은 바로 대인간적인 결합, 다른 사람과의 융합의 달성, 곧 사랑이라고 했습니다.

3. 선택

4. 프롬은 사랑은 감정만이 아니라 지식, 보호, 책임, 존경을 그와 그녀가 관련된 세계에서 지속적으로 실천하는 활동이기 때문에, 강렬하게 왔다가 사라지는 합일에의 욕구와 같은 감정의 문제로 보지 않습니다. 그보다는 사랑은 하나의

기술이라는 견해를 전제로 합니다. 사랑을 잘하기 위해선 사랑의 본질을 파악해야

하고, 이에 걸맞은 훈련을 해야 한다고 말이지요.

5. 프롬은 사랑의 병리적 현상으로, 홀로 있는 것이 두렵고 불안한 사람들이

   도피처로서 사랑을 찾아 나선다고 얘기하지요. 이런 사람들은 의존적이거나

   집착하는 사랑으로 보일 심리적 경향성이 농후합니다. 그래서 프롬은 혼자 있을

   수 있는 능력을 강조했습니다. 혼자 있을 수 있다는 것은 독자적이고 독립적인

   자기 형성 능력을 말하는 것이에요.

6. 성숙한 사랑은 자신의 통합성, 곧 개성을 유지하는 상태에서의 합일을 말합니다.

   따라서 개인의 독립성과 개성을 유지하고 차이의 발전을 실현하는 가운데서 두

   삶의 지평 융합이 일어나는 하나의 삶의 공동체를 의미합니다.